Gutachten F
zum 74. Deutschen Juristentag
Stuttgart 2024

Verhandlungen des 74. Deutschen Juristentages

Stuttgart 2024

Herausgegeben von der
Ständigen Deputation
des Deutschen Juristentages

Band I

Empfehlen sich im Kampf gegen den Klimawandel gesetzgeberische Maßnahmen auf dem Gebiet des Gesellschaftsrechts?

Gutachten F

zum 74. Deutschen Juristentag

Erstattet von

Prof. Dr. Marc-Philippe Weller

Institut für ausländisches und internationales
Privat- und Wirtschaftsrecht
Universität Heidelberg*

unter Mitwirkung von

Wiss. Ass. Theresa Hößl
Wiss. Ass. Camilla Seemann

C.H.BECK

Zitiervorschlag: 74. djt I/F [Seite]

* Das Gutachten konnte den Regulierungs- und Forschungsstand bis zum 30.12.2023 berücksichtigen. Alle angegebenen Links wurden zuletzt am 30.12.2023 abgerufen.

Gedankt sei dem Lehrstuhl-Team für intensive Diskussionen und die Mitwirkung bei der Quellenaufbereitung, insbesondere *Dr. Nina Benz, M.Jur. (Oxford), Wiss. Ass. Tim Fischer, LL. M. (Cambridge), Wiss. Ass. Victor Habrich, Wiss. Ass. Vincent Hoppmann, Prof. Dr. Leonhard Hübner, M.Jur. (Oxford), Prof. Dr. Markus Lieberknecht, LL. M. (Harvard), Dr. Sophia Schwemmer und Dr. Anton Zimmermann.*

Ein herzlicher Dank für wertvolle Anregungen und Feedback zu den Regelungsvorschlägen gilt ferner *Wiss. Ass. Sina Allgeier, Dr. Alexander Dörrbecker, LL. M. (Miami), Prof. Dr. Joachim Hennrichs, Prof. Dr. Dr. h. c. mult. Peter Hommelhoff, Daniela Pferr, LL. M. (University of Texas), RA Dr. Heino Rück, Prof. Dr. Jan-Erik Schirmer, Dr. Sebastian Steuer, LL.M. (Harvard), Dr. Isabelle Tassius, Prof. Dr. Chris Thomale, LL. M. (Yale), RA Jan-Lukas Werner, LL. M. (Cambrigde), Prof. Dr. Dirk Verse, M. Jur. (Oxford)* und *RAin Dr. Susanne Zwirlein-Forschner.*

beck.de

ISBN 978 3 406 81552 2

Wilhelmstraße 9, 80801 München
Druck und Bindung: Beltz Grafische Betriebe GmbH
Am Fliegerhorst 8, 99947 Bad Langensalza

Umschlag: nach dem Entwurf von rulle & kruska gbr, Nikolaus Rulle, Köln

myclimate
shape our future
chbeck.de/nachhaltig

Gedruckt auf säurefreiem, alterungsbeständigem Papier
(hergestellt aus chlorfrei gebleichtem Zellstoff)

Inhaltsverzeichnis

A. Einführung

I. Problemstellung und Gutachtenauftrag

Der Klimawandel gehört zu den zentralen Herausforderungen des 21. Jahrhunderts. Der öffentlich-rechtliche Klimaschutz bedarf dabei der Flankierung durch weitere Rechtsgebiete[1], um insbesondere Großunternehmen der Realwirtschaft sektorübergreifend im Kampf gegen den Klimawandel zu aktivieren.[2] Als Rechtsgebiet, das privatautonome Gestaltungen in komplexen Organisationsverhältnissen und damit gleichermaßen dezentrale und innovative Problemlösungen fördert, bietet sich dabei das Gesellschaftsrecht an.[3] Der europäische Gesetzgeber hat dies erkannt und setzt mit der *Corporate Sustainability Reporting Directive* (CSRD)[4] und der *Corporate Sustainability Due Diligence Directive* (CSDDD)[5] maßgeblich auf das Gesellschaftsrecht, um Schubkraft für die Erfüllung des 1,5 °C-Ziels aus dem Pariser Klimaabkommen (2015)[6] und des Ziels der Klimaneutralität bis 2050 aus dem EU-Klimagesetz (2021)[7] zu erzeugen.[8]

---

[1] *Weller/Hößl/Seemann,* ZGR 2024, 180: "Greening Corporate Law".

[2] Die bisherigen Maßnahmen, die überwiegend öffentlich-rechtlich sind, reichen nicht aus, um die vom Bundesklimaschutzgesetz (KSG) gesetzten Ziele zu erreichen, *Expertenrat für Klimafragen,* Stellungnahme v. 22.8.2023, S. 11, 21, abrufbar unter https://expertenrat-klima.de/content/uploads/2023/09/ERK2023_Stellungnahme-zum-Entwurf-des-Klimaschutzprogramms-2023.pdf.

[3] Ähnlich *Mittwoch,* Nachhaltigkeit und Unternehmensrecht, 2022, S. 382 ff.; *Schirmer,* Nachhaltiges Privatrecht, 2023, S. 418; *Weller/Benz,* ZGR 2022, 563.

[4] Richtlinie (EU) 2022/2464 vom 14.12.2022 zur Änderung der Verordnung (EU) Nr. 537/2014 und der Richtlinien 2004/109/EG, 2006/43/EG und 2013/34/EU hinsichtlich der Nachhaltigkeitsberichterstattung von Unternehmen, ABl EU L 322/15 v. 16.12.2022 (CSRD); zur Nachhaltigkeitsberichterstattung *Schön,* ZfPW 2022, 207, 217: „Mit der Kraft eines Tsunami hat das Ziel eines klimaneutralen europäischen Wirtschaftsraums die unternehmensbezogene Berichterstattung in ihren Dienst gestellt."; *Hommelhoff,* FS Kübler, 2015, S. 297: „Nichtfinanzielle Ziele (…) Revolution übers Bilanzrecht."

[5] Vorschlag für eine Richtlinie über die Sorgfaltspflichten von Unternehmen im Hinblick auf Nachhaltigkeit vom 23.2.2022, COM(2022) 71 final, in der aktuellen Fassung des Europäischen Parlaments vom 1.6.2023, abrufbar unter https://www.europarl.europa.eu/doceo/document/TA-9–2023-0209_DE.html.

[6] Art. 2 Abs. 1 lit. a Übereinkommen von Paris vom 12.12.2015, UN Treaty Collection Vol. II Kap. 27, 7d.

[7] Art. 2 Abs. 1 Verordnung (EU) 2021/1119 vom 30.6.2021 zur Schaffung des Rahmens für die Verwirklichung der Klimaneutralität.

[8] ErwG 11, 14, 30 CSRD; ErwG 9, 50, 51 CSDDD-Entwurf; zu den Nachhaltigkeitsrichtlinien *Hommelhoff,* AG 2023, 742.

Die Indienstnahme des Privat- und Gesellschaftsrechts zur Erreichung wichtiger gesellschaftspolitischer Zwecke überzeugt. Erfahrungen lehren, dass ein komplex-problematischer Lebenssachverhalt erst mit Hilfe (auch) einer *private regulation* effizienten Lösungen zugeführt wird.[9] Dabei verfängt die Kritik, die einer Indienstnahme des Gesellschaftsrechts zur Lösung gesellschaftspolitischer Desiderate mitunter entgegengehalten wird,[10] heute nicht mehr. Das Privat- und Gesellschaftsrecht ist nicht unpolitisch,[11] es trägt als „Magna Carta der freien Gesellschaft“[12] und als „Gesellschaftsverfassungsrecht“[13] vielmehr Verantwortung dafür, dass eine Klimatransformation gemeinwohlorientiert und zugleich möglichst individuell-privatautonom gelingt. Im Auftrag des Deutschen Juristentags soll daher die Frage erörtert werden, ob sich „im Kampf gegen den Klimawandel gesetzgeberische Maßnahmen auf dem Gebiet des Gesellschaftsrechts“ empfehlen.

II. Gang der Untersuchung

Zur Bewältigung des Klimawandels – dies erhellt der naturwissenschaftliche Forschungsstand – müssen die nationalen Gesetzgeber weitergehende Maßnahmen als bisher beschließen. Dabei sprechen zahlreiche Gründe für ein *corporate climate enforcement* **(unter B.)**. Die *lex lata* hält bislang hingegen nur punktuell gesellschaftsrechtliche Instrumente pro Nachhaltigkeit bereit **(unter C.)**. Daher werden in der Literatur verschiedene Reformvorschläge zur Förderung von Klimaschutz und Nachhaltigkeit diskutiert **(unter D.)**. Der Begriff der Nachhaltigkeit ist indes vage und divergierende Nachhaltigkeitsbelange können zu Zielkonflikten bei unternehmerischen Entscheidungen führen. Es ist daher bei gesetzgeberischen Maßnahmen eine Fokussierung auf den Klimaschutz zu empfehlen **(unter E.)**. Insbesondere sollten sich Gesellschaften am neuen rechtlichen Leitbegriff der *Klimaneutralität* ausrichten. Anknüpfend an das Pariser Klimaabkommen geben nämlich sowohl das Unions- als auch das Verfassungsrecht (Art. 20a GG) und das Bundesklimaschutzgesetz (KSG) das Ziel der Klimaneutralität für die Bundesrepublik vor. Über die *CSRD* und die *CSDDD* wird diese zunächst staatenbezogene Klimaneutralität nunmehr auch auf Unternehmen und damit die Realwirtschaft projiziert. Der deutsche Gesetzgeber knüpft an diese

---

[9] *Gruber,* JZ 2023, 417 (418 ff.).
[10] Nachweise bei *Koch* AG 2023, 553 (558); *Wagner* NJW 2021, 2256 (2261).
[11] Zutreffend *Gruber* JZ 2023, 417 (418).
[12] *Böhm,* ORDO 17 (1966), 75 (77).
[13] *Riesenuber,* Privatrechtsgesellschaft, 2007, S. 4.

Entwicklung an und regelt in § 18 EnEfG (2023) sektoriell für den Bereich der Energieeffizienz Besonderheiten für „klimaneutrale Unternehmen", ohne diese jedoch zu definieren **(unter F.)**. Diese Entwicklung aufgreifend ist ein *Greening Corporate Law* über drei Instrumente zu empfehlen: (1.) eine *Klimaquote,* (2.) ein *Rechtsformzusatz „klimaneutral"* und (3.) eine *Klimagovernance* **(unter G.)**.

III. Themenbegrenzung

(1.) Nicht behandelt wird das Thema *Green Finance.*[14] Dieses gehört zwar zum Klimaschutz im Unternehmensrecht im weiteren Sinne. Es betrifft allerdings *erstens* vor allem den Kapitalmarkt und nicht das klassische Gesellschaftsrecht; *zweitens* ist es unionsrechtlich weitgehend vollharmonisierend prädeterminiert (Taxonomie-VO, Offenlegungs-VO) und lässt mithin kaum Raum für weitere nationale Reformen.

(2.) Die Klimatransformation verlangt den Unternehmen erhebliche finanzielle Mittel für die Umstellung der Geschäftsmodelle ab. Eine Vereinfachung der Kapitalaufnahme bringt das Zukunftsfinanzierungsgesetz (2023). Ob der Gesetzgeber darüber hinaus Erleichterungen für die Unternehmensfinanzierung mit Eigen- und Fremdkapital schaffen sollte, stellt sich indes nicht nur im klimaspezifischen Kontext, sondern etwa auch im Rahmen der Digitalisierung der Wirtschaft und wird daher ausgeklammert.

(3.) Die *Lieferkettenregulierung* will nicht nur den Schutz der Menschenrechte in Wertschöpfungsketten verbessern, sondern zielt auch auf den Schutz der natürlichen Lebensgrundlagen und der Umwelt (vgl. § 2 Abs. 2 Nr. 9 LkSG: Verbot der Herbeiführung einer „Luftverunreinigung"). In diesem Zusammenhang wird diskutiert, ob auch das Klima darunterfällt und insofern vom Schutzbereich der lieferkettenbezogenen Sorgfaltspflichten (§§ 3ff. LkSG) erfasst wird.[15] Diesbezügliche Klimaschutzanforderungen an unmittelbare und mittelbare Zulieferer wären indes – so man sie bejaht – ebenfalls nicht gesellschaftsrechtsspezifisch und werden an anderer Stelle diskutiert.

(4.) Das *Corporate Climate Reporting* nach Maßgabe der CSRD, der Taxonomie-VO sowie der Offenlegungs-VO ist Teil des Bilanzrechts und damit des Unternehmensrechts; es wird nicht hier, sondern in einem der Referate zu diesem Gutachten behandelt.[16]

---

[14] Hierzu zB *Möllers,* ZHR 2021, 881; *Klöhn/Jochmann,* KlimaRZ 2022, 12.

[15] Näher BeckOGK/*Wiik,* LkSG, 2024, § 2.

[16] *Hennrichs,* Referat DJT 2024.

B. Notwendigkeit eines Corporate Climate Enforcement

Die Indienstnahme anderer Rechtsgebiete außerhalb des klassischen öffentlichen (Umwelt-)Rechts und dabei insbesondere des Gesellschaftsrechts ist erforderlich, um das Pariser Abkommen einzuhalten und um Klimaneutralität zu erreichen.[17] Empirische Befunde aus den Klimawissenschaften legen eine *corporate climate responsibility* nahe **(unter I. und II.)**. Eine Aktivierung des Gesellschaftsrechts erscheint vor diesem Hintergrund, nicht zuletzt aufgrund moderner Regulierungsansätze, systemkohärent und vielversprechend **(unter III.)**. Auch die Rechtsvergleichung bietet Ansätze, dass und wie dies gelingen kann **(unter IV.)**.

I. Naturwissenschaftlicher Befund

1. Intergovernmental Panel on Climate Change (IPCC)

Zweck des IPCC ist es, die jeweils neuesten wissenschaftlichen Erkenntnisse über den Klimawandel zusammenzutragen und mögliche Reaktionsstrategien zu erarbeiten. Dabei liefert es „die derzeit umfassendsten und verlässlichsten weltweiten Forschungsberichte zum anthropogenen Klimawandel“.[18] Das IPCC modelliert unter anderem verschiedene, der realen Klimaentwicklung nachgebildete Szenarien; es prognostiziert anschließend, mit welcher Wahrscheinlichkeit die globale Erderwärmung auf Basis dieser Szenarien auf 1,5 bzw. deutlich unter 2 °C im Vergleich zum Jahr 1990 begrenzt werden kann[19]:

- Um die Erderwärmung mit einer 50-prozentigen Wahrscheinlichkeit bei 1,5 °C zu begrenzen, müsste Anfang 2050 netto CO_2-Neutralität erreicht werden; anschließend müsste ein Zustand erreicht werden, in dem weniger CO_2 emittiert wird als der Atmosphäre (zB im Wege von *carbon capture*-Verfahren) entnommen werden kann (Netto-Negativ-Emissionen).

---

[17] Zur Notwendigkeit eines *smart mix* aus *public* und *private enforcement* EU-Kommission, Impact Assessment CSDDD, SWD(2022) 42 final, S. 39: „A potential policy option covering a mandatory due diligence requirement *without a civil liability regime* has been discarded due to *lack of effective enforcement.* Experience shows that effective enforcement through *administrative supervision alone* remains a major challenge.“ (Hervorhebungen durch *Verf.*).

[18] Rodi/*Kreuter-Kirchhof,* Handbuch Klimaschutzrecht, 2022, § 2 Rn. 6.

[19] *IPCC,* AR6 Synthesis Report: Climate Change 2023, Summary for Policymakers, S. 20 B.6, B.6.1.

– Um die Erderwärmung mit einer 67-prozentigen Wahrscheinlichkeit bei 2 °C zu begrenzen, müsste Anfang 2070 netto CO_2-Neutralität erreicht werden, gefolgt von Netto-Negativ-Emissionen.

Der Sachverständigenrat für Umweltfragen (SRU)[20] hat 2022 aus den Berechnungen des IPCC ein nationales CO_2-Budget für Deutschland abgeleitet: Ab 2022 beträgt dieses maximal 6,1 Gt CO_2 (um ein 1,75 °C-Ziel mit 67-prozentiger Wahrscheinlichkeit zu erreichen). Noch deutlich geringer (2,0 Gt CO_2) wäre es, wollte man das 1,5 °C-Ziel mit derselben Wahrscheinlichkeit erreichen.[21]

Das Budget von 6,1 Gt CO_2 wäre bei einer linearen, dh. stetigen Emissionsreduktion mit einer Rate von 5,4 % jährlich im Zeitraum von 2022 bis 2040 aufgebraucht.[22] Im Jahr 2022 sind die Emissionen indes lediglich um 1,9 % gegenüber 1990 gesunken,[23] demnach deutlich unterhalb der Quote, die zur Einhaltung der Pariser Klimaziele notwendig wäre. Zwar sind diese Budget-Berechnungen mit erheblichen Unsicherheiten behaftet, nationale CO_2-Budget-Obergrenzen aufgrund politischer Verteilungs- und Gerechtigkeitsfragen kaum konsensfähig und weder ein globales noch ein nationales Restbudget rechtlich festgeschrieben.[24] Ein legislativer Handlungsbedarf wird daraus dennoch deutlich.

2. Expertenrat der Bundesregierung für Klimafragen (§ 11 f. KSG)

Der Expertenrat für Klimafragen veröffentlichte jüngst seine gemäß § 12 KSG zu erteilende Stellungnahme zum Klimaschutzprogramm 2023 der Bundesregierung. Er stuft die Wahrscheinlichkeit, die Emissionsreduktions(zwischen)ziele des KSG einzuhalten, für alle Sektoren als sehr gering ein.[25] Es verbleibe insgesamt eine Zielerreichungslücke von mehr als 200 $MtCO_2$-Äquivalenten.[26] Zur Effektivierung der Klimaschutzmaßnahmen sollten daher die Treibhausgas-Minderungspotenziale *aller* Handlungsfelder und Sektoren adressiert werden.[27] Dies würde die *infra* empfohlene Klimaquote leisten, indem sie *alle* Unternehmen ab einer bestimmten Größe abdeckt.

---

[20] Der SRU berät seit 1972 die Bundesregierung, indem er die nationalen Umweltbedingungen begutachtet, auf Fehlentwicklungen hinweist und Möglichkeiten aufzeigt, diese Fehlentwicklungen zu korrigieren, https://www.umweltrat.de/DE/SRU/sru_node.html.

[21] *SRU,* Wie viel CO_2 darf Deutschland maximal noch ausstoßen? Fragen und Antworten zum CO_2-Budget, Stellungnahme vom Juni 2022, S. 5, 7.

[22] *SRU,* aaO, S. 7.

[23] *Umweltbundesamt,* Pressemitteilung vom 15.3.2023.

[24] Vgl. BVerfG NJW 2021, 1723, Rn. 69.

[25] *Expertenrat für Klimafragen,* Stellungnahme v. 23.8.2023, S. 21.

[26] AaO, S. 11.

[27] AaO, S. 30.

II. Corporate Climate Responsibility

Wesentliche Verursacher und Treiber der Klimakrise sind – neben den Staaten, die ihrer Regulierungsverantwortung nicht hinreichend nachkommen – vor allem Großunternehmen.[28] Daher ist es stimmig, sie – neben der öffentlichen Hand und privaten Haushalten – für die Klimatransformation in die Verantwortung zu nehmen. Sie unterliegen insofern eine *corporate climate responsibility.* Bereits der *Brundtland*-Bericht der UN aus 1987[29] hat die Bedeutung der Unternehmen für eine nachhaltige Entwicklung hervorgehoben.[30] Heute erwarten nicht zuletzt internationale Stakeholder, dass sich Unternehmen an der Bekämpfung des Klimawandels beteiligen.[31] Auch der Gesetzgeber geht von einer grundsätzlichen Verantwortung und „Vorbildrolle“ der großen Unternehmen im Hinblick auf Nachhaltigkeitsbelange aus.[32]

Einige Konzerne implementieren bereits freiwillig Klimaschutzprogramme- und ziele. Allerdings sind die bisherigen Maßnahmen noch nicht hinreichend.[33] Branchenunabhängige allgemeine Pflichten hierzu würden zumindest den Anfang machen, ein *level playing field* für Konzerne zu schaffen.[34] Nicht zuletzt adressiert auch das Bundesverfassungsgericht in seinem Klimabeschluss vom 24. März 2021 die Notwendigkeit einer Inpflichtnahme der Privaten, wenn es umgekehrt ausführt, der Staat sei nicht allein in der Pflicht und in der Lage, „alle technologischen und sozialen Entwicklungen zur Ersetzung und Vermeidung von treibhausgasintensiven Prozessen und Produkten und den Ausbau hierfür erforderlicher Infrastrukturen selbst zu erbringen“.[35] Er müsse allerdings zugunsten des Klima-

[28] Der überwiegende Teil (71 %) der zwischen 1988 und 2015 emittierten Treibhausgase ist lediglich 100 Unternehmen zuzurechnen, CDP Carbon Majors Report 2017, S. 8; die insoweit fehlgeschlagene Internalisierung der Schäden des Klimawandels bei den privaten Emittenten indiziert ein Marktversagen, *Stern,* The Economics of Climate Change: The Stern Review, 2007, S. 27.

[29] Brundtland-Bericht 1987, S. 20, 21.

[30] Vgl. *Mittwoch,* aaO, S. 113.

[31] *EU-Kommission,* Impact Assessment CSDDD, SWD(2022) 42 final, S. 39.

[32] So BT-Drs. 19/26689, 48.

[33] *Healy/Keyt,* 48 Environmental Law Reporter (2018) 10381, 10385: “Such projections of future fossil fuel use hardly square with the 80 % reduction in carbon emissions needed to meet the “well below 2 degrees“ goal of the Paris Agreement.” Eine Studie der Unternehmensberatung *Boston Consulting Group (BCG)* erhellt, dass nur 14 % der beteiligten Unternehmen die Emissionsreduktionen erreichen, die sie sich zum Ziel gesetzt haben, abrufbar unter https://www.bcg.com/publications/2023/why-some-companies-are-ahead-in-the-race-to-net-zero-and-reducing-emssions.

[34] *Lambooy/van Rumpt,* 3 The Dovenschmidt Quarterly (2015), 76 (98).

[35] BVerfG NJW 2021, 1723, Rn. 248.

schutzes die für unternehmerische Innovation und Effektivität erforderlichen Rahmenbedingungen schaffen.[36]

III. Corporate Climate Regulation

Zu empfehlen ist daher eine *corporate climate regulation.*[37] Zwar wird die Verfolgung öffentlicher Interessen traditionell als Aufgabe des öffentlichen Rechts eingestuft.[38] Dies ist heutzutage allerdings eine zu „verengte Sicht".[39] Weder das Privat- noch das Gesellschaftsrecht erteilen der Berücksichtigung gemeinnütziger Zwecke *a priori* eine Absage, wie das Wohnraummiet- und Arbeitsrecht erhellen.[40] Das BVerfG stützt diese Sicht: „Das im Bürgerlichen Gesetzbuch und den Nebengesetzen des Privatrechts geregelte bürgerliche Recht ist und war stets auch durch Elemente sozialer Regulierung von wirtschaftlichen Vorgängen geprägt." [41] In jeder privatrechtlichen Regelung stecke immer auch eine Verteilungsentscheidung[42], eine „distributive Gerechtigkeitsfrage."[43] In der Tat finden sich in allen Privatrechtsregelungen Regulierungselemente, die Allgemeinwohlziele verwirklichen helfen.[44] *Schirmer* umschreibt den „Rise of the Social" im Privatrecht zutreffend als systemkohärente Evolution.[45]

In Sachen Klimaschutz ist der Trend zu einer Aktivierung des Privat- und Gesellschaftsrechts besonders ausgeprägt. Der EU-Gesetzgeber tut dies etwa in Gestalt der CSRD und der CSDDD. Die CSRD verpflichtet zur Nachhaltigkeitsberichterstattung, die CSDDD zur Entwicklung eines Geschäftsmodells, das mit dem 1,5 °C-Ziel kompatibel ist. Die EU erachtet die Regulierung des Privatsektors als zentral auf dem Weg zur Erreichung der Klimaneutralität.[46]

Der Bundesgesetzgeber setzt bei der Klimatransformation ebenfalls in ersten Ansätzen auf das Privatrecht, etwa für den Gebäudesektor (§ 555b Nr. 2 und § 555d Abs. 2 BGB[47]) und die Wirtschaft (ökologische Vergütungsanreize, § 87 Abs. 1 S. 2 AktG[48]).

---

[36] BVerfG NJW 2021, 1723, Rn. 248.

[37] Vgl. auch *Kuo/Means,* 107 Iowa Law Review (2022) 2135 ff.; aA *Kuntz,* FS Hopt, 2020, 653, 674, der für ein „modernisiertes Umweltrecht" plädiert.

[38] *Hellgardt,* Regulierung und Privatrecht, 2016, S. 328.

[39] *Gsell,* NZM 2022, 481 (484).

[40] *Gsell,* NZM 2022, 481 (484).

[41] BVerfG, Beschl. v. 29.7.2016 – 1 BvR 1015/15, NJW-RR 2016, 1349, Rn. 55.

[42] *Schirmer,* Nachhaltiges Privatrecht, 2023, S. 66.

[43] *Auer,* Der privatrechtliche Diskurs der Moderne, 2014, S. 66.

[44] Ausführlich *Hellgardt,* Regulierung und Privatrecht, 2016, S. 50, 280, 730.

[45] *Schirmer,* Nachhaltiges Privatrecht, 2023, S. 54.

[46] COM(2022)71 final, ErwG 8, 50; *Hommelhoff,* AG 2023, 742.

[47] BT-Drs. 17/10485, 13.

[48] BT-Drs. 19/15153, 55.

Da die Problematik der Treibhausgasemissionen bislang systemisch von Wirtschaft und Gesellschaft ausgehen, sollte über die bisherigen Einzelansätze hinaus[49] eine das Gesamtsystem adressierende, wirtschaftssektorenübergreifende Problemlösung entwickelt werden.[50] Ein Ansatz wären staatlich überwachte Emissionssteuern oder Emissionshandelsregime (EHS); diese gelten in der ökonomischen Theorie als effizient.[51] Den Praxistest haben sie bisher aber jedenfalls nicht bestanden. So wurde das europäische EHS vor 20 Jahren eingeführt, konnte den Anstieg der Treibhausgase in der EU bis dato aber nicht hinreichend bremsen.[52] Vor diesem Hintergrund sollten *zusätzlich* zum öffentlichen Klimaschutzrecht Instrumente des Privat- und Gesellschaftsrechts zur Förderung der Klimatransformation genutzt werden.[53]

IV. Rechtsvergleichende Impulse

Ein Seitenblick in andere Rechtsordnungen zeigt, dass Nachhaltigkeitsbelange vermehrt über Rechtsformen mit Gemeinwohlorientierung **(unter 1.)** und durch spezifische Corporate Governance-Instrumente **(unter 2.)** verwirklicht werden.

1. Rechtsformen mit Gemeinwohlorientierung

In Deutschland gibt es bisher keine klimaschutzbezogene Rechtsform; es besteht nur die Möglichkeit, eine gemeinnützige Gesellschaft – eine gGmbH, gUG oder gAG – zu gründen. Dies setzt indes ein selbstloses Handeln im Sinne des § 52 Abs. 1 S. 1 AO voraus und ist überdies nicht klimaschutzspezifisch.[54] Demgegenüber existieren in anderen Rechtsordnungen Gesellschaftstypen mit dualer Zwecksetzung, die sich einer hohen Beliebtheit erfreuen. In den USA kennen inzwischen über 40 Bundesstaaten eine Benefit Corporation.[55] „Preservation of the environment“ ist eine der sieben Möglichkeiten, die der California Corporations Code (CORP § 14601) als taugli-

---

[49] Zum Problem von *Governance Gaps Hübner,* Unternehmenshaftung für Menschenrechtsverletzungen, 2022, S. 23 ff.

[50] Vgl. *Fleischer,* DB 2022, 37 (39); *Schirmer,* aaO, S. 375.

[51] Vgl. *Sturm/Vogt,* Umweltökonomik, 2. Aufl. 2018, S. 70 ff.

[52] *Supra* B.I. 1. und 2. Das mag auch daran liegen, dass Staaten über keine bessere Informations- und Entscheidungsgrundlagen *(big picture)* verfügen als Unternehmen, *Schirmer,* aaO, S. 157.

[53] Vgl. auch *Fleischer,* DB 2022, 37 (39); *Gsell,* NZM 2022, 481 (485).

[54] *Zimmermann/Weller,* ZHR 2023, 594 (625).

[55] *Feldman,* Georgia and Alabama enact benefit corporation laws, Pressemitteilung vom 7.1.2023, abrufbar unter https://www.wolterskluwer.com/en/expert-insights/georgia-and-alabama-enact-benefit-corporation-laws.

chen Satzungszweck für eine Benefit Corporation auflistet.[56] „Social enterprise lawmaking“ gilt als eine „growth industry“.[57]

In Europa haben mehr als 18 Mitgliedstaaten gesellschaftsrechtliche Sonderregime eingeführt, die soziales Unternehmertum fördern sollen.[58] Darunter fallen neben neuen Rechtsformen wie die britische *Community Interest Company (CIC)* (2004) auch Regime, die man als „gesetzlichen Status“[59] oder ergänzenden Rechtsformzusatz umschreiben kann. Zu letzteren zählen die belgische *société à finalité sociale (SFS)*[60] (1995), die französische *société à mission* (2019)[61] und die italienische *società benefit* (2016). Der hybride *profit & purpose*-Charakter[62] der *benefit corporations* schlägt sich meist darin nieder, dass bei unternehmerischen Entscheidungen das Gemeinwohl berücksichtigt werden sollte, die Gewinnausschüttung jedoch nicht begrenzt wird.[63] Zieht man Bilanz, ist die Kombination von Gewinninteressen und Gemeinwohlbelangen ein Erfolgsmodell.[64] In vielen Jurisdiktionen fördert das Gesellschaftsrecht *„profit & purpose“*, in Deutschland bislang noch nicht.

2. Corporate Governance-Instrumente mit Klimabezug

Ein prominent diskutiertes Corporate Governance Instrument im internationalen Klimadiskurs ist das „Say on Climate“ der Hauptversammlung.[65] Hiernach soll die Hauptversammlung konsultativ über den vom Vorstand entwickelten *Climate Transition Action Plan* abstimmen und den jährlichen Bericht über dessen Umsetzung und Anpassung billigen dürfen. „Say on Climate“-Beschlüsse sind vermehrt bei Unternehmen aus der ganzen Welt zu beobachten, darunter – Stand 2021 – in Australien (BHP Group), Schweiz (Glencore, LafargeHolcim, Nestlé, UBS), Vereinigtes Königreich (HSBC, Rio Tinto, Unilever und 13 andere), Niederlande (Royal Dutch Shell)

---

[56] Cal. Corp. Code § 14601, abrufbar unter https://codes.findlaw.com/ca/corporations-code/corp-sect-14601/.

[57] *Galle*, Social Enterprise: Who Needs it?, Boston College Law Review 54 (2013), 2025, abrufbar unter https://storage.googleapis.com/jnl-bcls-j-bclr-files/journals/1/articles/743/63b2cd4c3f19c.pdf.

[58] *Möslein*, ZRP 2017, 175 (175); *Fici*, A European Study für Social and Solidarity-Based Enterprise – Study for the Juri Committee, 2017, 15ff. und Annex, abrufbar unter https://www.europarl.europa.eu/RegData/etudes/STUD/2017/583123/IPOL_STU(2017)583123_EN.pdf.

[59] *Fleischer*, ZIP 2023, 1505 (1511).

[60] *Doeringer*, Duke Journal of Comparative & International Law 2010, 291 (309).

[61] *Bochmann/Leclerc*, GmbHR 2021, 1141; *Fleischer*, ZIP 2022, 345 (352).

[62] Zur Begriffsbestimmung *Mittwoch*, Nachhaltigkeit und Unternehmensrecht, 2022, S. 242.

[63] *Möslein/Mittwoch*, RabelsZ 2016, 400 (428).

[64] *Zimmermann/Weller*, ZHR 2023, 594 (634).

[65] *Urbain-Parleani*, Revue des sociétés, 2023, 494; *Vetter*, AG 2023, 564.

und Frankreich (TotalEnergies und 10 andere).[66] In den USA sind das Pendant dazu klimabezogene *shareholder proposals.*[67] Der erste Say on Climate-Beschluss 2023 fand in Deutschland bei der Alzchem Group AG statt.[68] Ein weiterer soll 2024 bei GEA stattfinden[69], Fortsetzungen dieser internationalen Praxis werden folgen.[70]

Auf Leitungsebene werden zudem vermehrt *Chief Climate Officers*[71] oder *Chief Sustainability Officers* bestellt.[72] Schließlich gibt es viele Länder, darunter Großbritannen, Indien, Singapur, Japan und China, die zunehmend Offenlegungspflichten nach europäischem Vorbild der CSRD konzipieren.[73] In den USA hat im Jahr 2022 die *Securities and Exchange Commission (SEC)* für gelistete Unternehmen angeordnet, dass diese über ihre Treibhausgasemissionen berichten müssen.[74]

---

[66] *Tufford/Sommer/Muirhead,* MSCI – Shareholders' Say on Climate, abrufbar unter https://www.msci.com/research-and-insights/insights-gallery/shareholders-say-on-climate.

[67] *Fleischer/Hülse,* DB 2023, 44.

[68] *Obernosterer,* „Say on Climate"-Beschluss bei der Alzchem Group AG, Blog-Beitrag vom 22.5.2023, abrufbar unter https://blog.otto-schmidt.de/gesellschaftsrecht/2023/05/22/say-on-climate-beschluss-bei-der-alzchem-group-ag-grosse-mehrheit-der-aktionaere-stimmt-fuer-klimafahrplan/.

[69] *GEA,* Pressemitteilung vom 12. Dezember 2023, abrufbar unter https://www.gea.com/en/news/corporate/2023/climate-transition-plan.jsp. hierzu *Merkner/Schalenburg/Elixmann,* A 6 2024 (im Erscheinen).

[70] *Vetter,* AG 2023, 564 (565).

[71] Pressemitteilung TIME vom 19.9.2023, abrufbar unter https://time.com/6315518/time-appoints-shyla-raghav-as-chief-climate-officer/.

[72] *Deloitte,* The Future of the Chief Sustainability Officer, S. 6, 9, abrufbar unter file:///C:/Users/ii2/Downloads/gx-fsi-future-of-the-cso-report.pdf.

[73] *Financial Conduct Authority,* Regulators welcome the Government's updated Green Finace Strategy, Artikel vom 30.3.2023, abrufbar unter https://www.fca.org.uk/news/statements/regulators-welcome-governments-updated-green-finance-strategy.

[74] Pressemitteilung der SEC v. 21.3.2022, abrufbar unter https://www.sec.gov/news/press-release/2022-46.

C. Bestandsaufnahme – Klimaschutz *de lege lata*

Abgesehen von der unionsrechtlichen *Green Finance*-Regulierung **(unter 1.)** enthält auch das geltende Gesellschaftsrecht „Einfallstore“ für Klimaschutz. Wesentliche Pfeiler sind die Nachhaltigkeitsberichtspflichten **(unter 2.)** und die Nachhaltigkeitsvergütung **(unter 3.)**. Aber auch erste klimaschutzbezogene Sorgfaltspflichten werden diskutiert **(unter 4.)**.

I. Green Finance

Der europäische Gesetzgeber hat Regelungen getroffen, mit denen Nachhaltigkeits- und insbesondere Klimaschutzbelange im Bereich Corporate Finance eine stärkere Akzentuierung erfahren.[75] Finanzmarktteilnehmer wie Versicherungs- oder Fondverwaltungsgesellschaften und Finanzberater wie Versicherungsvermittler oder Anlageberater müssen nach Art. 3ff. Offenlegungs-Verordnung (2019)[76] bestimmte Informationen über die Nachhaltigkeit ihrer Finanzprodukte bereitstellen.[77] Insbesondere haben sie Finanzprodukten, die Nachhaltigkeitsbelange zumindest beiläufig fördern (*light-green* Produkte), vorvertragliche Informationen beizufügen (Art. 8); dies gilt erst recht nach Art. 9 bei Finanzprodukten, die ausschließlich Nachhaltigkeitszielen dienen (*dark-green* Produkte).[78]

Ergänzend dazu enthält die Taxonomie-Verordnung (2020)[79] Kriterien zur Bestimmung, ob eine Wirtschaftstätigkeit als ökologisch nachhaltig einzustufen ist, wobei die Verwirklichung oder Beeinflussung von Umweltzielen entscheidend ist (Art. 3). Dazu gehören sowohl der Klimaschutz (Art. 9 lit. a) als auch die Anpassung an den Klimawandel (Art. 9 lit. b). Beide Umweltziele werden durch den Delegierten Rechtsakt Klima (2021)[80] näher konkretisiert; er

---

[75] *Harbarth,* FS Ebke, 2012, 307 (309ff.); *Koch,* AG 2023, 553 (559); *Verse,* in: Nietsch, Nachhaltiges Aktienrecht, 2023; *Verse/Tassius,* in: Hommelhoff/Hopt/Leyens, Unternehmensführung durch Vorstand und Aufsichtsrat, 2024, § 7 Rn. 3.

[76] Verordnung (EU) 2019/2088 über nachhaltigkeitsbezogene Offenlegungspflichten im Finanzdienstleistungssektor.

[77] *Zemke/Troost,* in: Freiberg/Bruckner, Corporate Sustainability, 2022, § 11 Rn. 4ff.

[78] *Kehrel,* Sustainable Finance, 2023, S. 189ff.

[79] Verordnung (EU) 2020/852 über die Einrichtung eines Rahmens zur Erleichterung nachhaltiger Investitionen.

[80] Delegierte Verordnung (EU) 2021/2139 der Kommission vom 4.6.2021.

enthält ein Klassifikationssystem, wonach Wirtschaftstätigkeiten als klimafreundlich und damit als „taxonomiefähig“ eingestuft werden können.[81]

Daneben müssen institutionelle Anleger und Vermögensverwalter nach Art. 3g Abs. 1 lit. a der abgeänderten Aktionärsrechterichtlinie (2017)[82] darüber berichten, inwiefern sie ihre Portfoliogesellschaften in Bezug auf die sozialen und ökologischen Auswirkungen ihrer Geschäftstätigkeit überwachen.[83]

II. Nachhaltigkeitsberichtspflichten (§§ 289bff. HGB)

Der Klimaschutz wird im Gesellschaftsrecht derzeit vornehmlich über das *Sustainability Reporting* verwirklicht. Dessen Rechtsgrundlage war bislang die CSR-Richtlinie (2014),[84] die in den §§ 289bff. HGB umgesetzt wurde.[85] Während das Reporting zunächst nur einen Nudging-Charakter aufwies[86], wurde es durch die CSRD zu einer detaillierten Berichtspflicht hochgestuft, die Gegenstand der Abschlussprüfung ist und seit 2024 ca. 15.000 Unternehmen in der EU erfasst.[87] Dabei wird die nichtfinanzielle Erklärung zu einer eigenständigen Nachhaltigkeitserklärung innerhalb des Lageberichts aufgewertet.[88]

III. Nachhaltige Vergütungsparameter (§ 87 Abs. 1 S. 2 AktG)

Nach § 87 Abs. 1 S. 2 AktG in der Fassung des ARUG II (2019) ist die Vergütungsstruktur der Vorstandsmitglieder in börsennotierten Gesellschaften auf eine langfristige und *nachhaltige* Entwicklung der Gesellschaft auszurichten. Gemeint ist seit dem ARUG II eine Orientierung an sozialen und ökologischen Faktoren.[89] Im Geschäftsjahr 2021 wählten 28 der 40 DAX-Unternehmen die Re-

---

[81] *Borcherding,* in: Freiberg/Bruckner, Corporate Sustainability, 2022, § 12 Rn. 22ff.

[82] Richtlinie (EU) 2017/828.

[83] Umgesetzt durch das ARUG II in § 134b Abs. 1 Nr. 2 AktG, *Tröger,* ZGR 2019, 126 (143).

[84] Richtlinie 2014/95/EU.

[85] *Simon,* Die CSR-RL, 2019, S. 43ff., 117ff.

[86] *Habersack/Ehrl,* AcP 219 (2019), 155 (205); *Hennrichs,* ZGR 2018, 206 (209).

[87] *Fleischer,* DB 2022, 37 (39); *Nietsch,* ZIP 2022, 449 (451).

[88] Art. 19a Abs. 1 UAbs. 2 Bilanz-RL nF.

[89] *Rechtsausschuss,* BT-Drs. 19/15153, S. 55, 62; *Arnold/Herzberg/Zeh,* AG 2021, 141; *Hommelhoff,* FS Hopt, 2020, 467 (472).

duzierung der CO_2-Emissionen als nachhaltigen Parameter für die Bestimmung der Vorstandsvergütung.[90]

IV. Leitungs- und Sorgfaltspflichten (§§ 76 Abs. 1, 93 Abs. 1 AktG)

In Übereinstimmung mit dem *enlightened shareholder value approach* bzw. *stakeholder value approach* sind Geschäftsleiter im Rahmen ihres Leitungsermessens zwar berechtigt, aber nicht verpflichtet, gemeinwohlorientierte Belange zu verfolgen.[91] Allerdings sind derartige Maßnahmen aufgrund der sich wandelnden, zunehmend ESG-bezogenen Erwartungen von Anteilseignern und Kunden immer häufiger förderlich und insofern angezeigt.[92] Folgerichtig empfiehlt der *Deutsche Corporate Governance Kodex* seit 2022, der Vorstand solle bei der Unternehmensplanung auch nachhaltigkeitsbezogene Ziele verfolgen.[93]

Ungeachtet dessen verdichtet sich das Leitungsermessen der Geschäftsleiter (§§ 76 Abs. 1, 93 Abs. 1 AktG) aufgrund ihrer Legalitätspflicht[94] dann zu einer klimaschutzfördernden Pflicht, sofern konkrete Klimaschutzmaßnahmen gesetzlich vorgegeben sind.[95] Das sind insbesondere die umweltbezogenen Sorgfaltspflichten nach §§ 3 ff. LkSG.[96] Hinzu kommen demnächst noch klimaspezifische Sorgfaltspflichten aus Art. 15 *Corporate Sustainability Due Diligence-Directive* (CSDDD).[97]

---

[90] *Beile/Schmid,* Nachhaltige Kriterien in der Vorstandsvergütung, Hans-Böckler-Stiftung, Mitbestimmungsreport Nr. 75, 2023, S. 1, 9 f., https://www.imu-boeckler.de/de/faust-detail.htm?produkt=HBS-008539.

[91] *Fleischer,* AG 2023, 833 (839); *Habersack,* AcP 220 (2020), 594 (627); *Harbarth,* ZGR 2022, 533 (547); *Vetter,* ZGR 2018, 338 (341 ff.); *Weller/Fischer,* ZIP 2022, 2253 (2258).

[92] *Harbarth,* FS Ebke, 2020, 307, 323; *Schön,* ZHR 180 (2016), 279 (285); Hommelhoff/Hopt/Leyens/*Verse/Tassius,* Unternehmensführung durch Vorstand und Aufsichtsrat, 2024, § 7 Rn. 10.

[93] Ziffer A1 DCGK.

[94] *Lieberknecht,* Legalitätspflicht, 2021, S. 9 ff.

[95] *Weller/Fischer,* ZIP 2022, 2253 (2258 ff.).

[96] *Burchardi,* NZG 2022, 1467 ff.; *Nietsch,* CCZ 2023, 61 (65 f.).

[97] *Hübner/Habrich/Weller,* NZG 2022, 644 (647); Hommelhoff/Hopt/Leyens/*Verse/Tassius,* Unternehmensführung durch Vorstand und Aufsichtsrat, 2024, § 7 Rn. 13 f.

D. Reformvorschläge in der Literatur – Klimaschutz *de lege ferenda*

In der Literatur wird die Notwendigkeit eines weitergehenden *corporate climate enforcements* gesehen. *De lege ferenda* werden gesellschaftsrechtliche Klimaschutzinstrumente in Bezug auf das Unternehmensinteresse **(unter I.)**, den Vorstand **(unter II.)**, den Aufsichtsrat **(unter III.)** sowie die Hauptversammlung diskutiert **(unter IV.)**.

I. Unternehmensinteresse

In Frankreich hat der Gesetzgeber jüngst die soziale und ökologische Nachhaltigkeit *(enjeux sociaux et environnementaux)* als einen bei der Unternehmensleitung mitzuberücksichtigenden Belang des Unternehmensinteresses *(intérêt social)* statuiert.[98] Ähnlich in Österreich, wo zum Unternehmensinteresse auch das „öffentliche Interesse“ zählt.[99]

Eine entsprechende Kodifizierung des Unternehmensinteresses könnte auch im deutschen Aktienrecht erfolgen; mit ihr würde (immerhin) eine Signalwirkung im Sinne einer Ausflaggung des Umweltschutzes einhergehen. Ob damit auch materiell eine Neuerung einherginge, hinge allerdings sehr von der konkreten Formulierung ab.[100] Schon heute umfasst der von der h.M. vertretene interessenpluralistische Ansatz nämlich auch Nachhaltigkeitsbelange wie den Klimaschutz.[101] Da die auf eine Neuausrichtung des Unternehmensinteresses abzielenden Ansätze alle zu vage in ihren konkreten

---

[98] Art. 1833 Abs. 2 Code civil: “La société est gérée dans son intérêt social, en prenant en considération *les enjeux sociaux et environnementaux* de son activité.” (Hervorhebung durch *Verf.*).

[99] § 70 Abs. 1 öAktG: „Der Vorstand hat unter eigener Verantwortung die Gesellschaft so zu leiten, wie das Wohl des Unternehmens unter Berücksichtigung des Interesses der Aktionäre und der Arbeitnehmer sowie des *öffentlichen Interesses* es erfordert.“ (Hervorhebung durch *Verf.*). Hierzu MüKoAktG/*Kalss*, 6. Aufl. 2023, § 76, Rn. 225.

[100] *Mittwoch*, aaO, S. 360, schlägt vor, das Unternehmensinteresse solle über eine Kodifizierung des Status quo hinaus explizit auf eine „nachhaltige Wertschöpfung innerhalb der planetaren Grenzen“ ausgerichtet werden.

[101] *Haubold*, Normierung der Unternehmensziele im Lichte der Nachhaltigkeit, 2023; *Schubert*, FS Henssler, 2023, S. 1265 (1275); Hommelhoff/Hopt/Leyens/*Verse/Tassius*, Unternehmensführung durch Vorstand und Aufsichtsrat, 2024, § 7 Rn. 19ff.

Rechtsfolgen bleiben, können sie dem Gesetzgeber allerdings nicht empfohlen werden.[102]

II. Vorstand

1. Materielle Aufladung der §§ 76, 93 AktG um Nachhaltigkeitsbelange

a) Leitungspflicht: Ergänzung des § 76 Abs. 1 AktG um eine Nachhaltigkeitsklausel

Im Rahmen der Leitungspflicht wird diskutiert, ob der Klimaschutz bei Leitungsentscheidungen als Abwägungsbelang künftig (mit)berücksichtigt werden *muss*[103] und ob diesbezüglich § 76 Abs. 1 AktG um eine „Nachhaltigkeitsklausel" ergänzt werden sollte.[104] Namentlich der von der Bundesregierung eingesetzte *Sustainable Finance Beirat* möchte der Unternehmensleitung Nachhaltigkeitsziele in § 76 Abs. 1 AktG vorgeben:

> „Der Vorstand hat die Gesellschaft *im langfristigen Interesse des Unternehmens unter angemessener Berücksichtigung von Nachhaltigkeitszielen* zu leiten."[105]

Der Vorstand wäre damit nicht mehr nur berechtigt, sondern *verpflichtet,* (auch wirtschaftlich nachteilige) Nachhaltigkeitsbelange in den Abwägungsprozess aller seiner Leitungsentscheidungen einzustellen. Ergänzend greift *Fest* den auf europäischer Ebene diskutierten Art. 25 Abs. 1 CSDDD-E auf und schlägt vor, den Vorschlag des *Sustainable Finance Beirats* zu modifizieren:

> „Der Vorstand hat die Gesellschaft unter eigener Verantwortung *und Berücksichtigung der kurz-, mittel- und langfristigen Folgen seiner Entscheidungen für Nachhaltigkeitsaspekte* zu leiten."[106]

Erstens müsste sich die Leitung danach an Nachhaltigkeits*aspekten* ausrichten, die – anders als Nachhaltigkeits*ziele* – nicht vom Vor-

[102] Ähnlich *Bachmann,* ZHR 187 (2023), 166, 182: „Vielmehr müssen messbare Ziele und klare Tatbestände (zB CO2-Reduktionen) definiert werden. Das geschieht sinnvollerweise nicht auf Ebene des Unternehmensinteresses, sondern darunter."

[103] Siehe zur Tendenz einer Materialisierung der Leitungspflicht *Weller/Fischer,* ZIP 2022, 2253 (2258 f.).

[104] So *Fest,* AG 2023, 713 (718).

[105] *Sustainable Finance Beirat,* Shifting the Trillions. Ein nachhaltiges Finanzsystem für die Große Transformation, 2021, S. 94 ff., 96, abrufbar unter https://sustainable-finance-beirat.de/wp-content/uploads/2021/02/210224_SFB_-Abschlussbericht-2021.pdf (Hervorhebung im Original).

[106] *Fest,* AG 2023, 713 (719).

stand selbst aufgestellt und verändert werden könnten.[107] Zweitens müssten auch die längerfristigen *Folgen* einer Leitungsentscheidung zB auf das Klima evaluiert werden.[108] In Anbetracht „der besorgniserregenden Erderwärmung und der sonstigen Umweltveränderungen“ schlägt der *Arbeitskreis Aktienrechtsreform* der *VGR*[109] eine ähnliche Neufassung des § 76 Abs. 1 AktG vor, empfiehlt dabei aber „die ausdrückliche Erwähnung von Umweltbelangen“:

> „Der Vorstand hat die Gesellschaft unter eigener Verantwortung *im langfristigen Interesse des Unternehmens unter angemessener Berücksichtigung von <u>Umwelt</u>- und Gemeinwohlbelangen* zu leiten.“[110]

Eine derartige explizite „Materialisierung der Leitungspflicht“[111] in § 76 Abs. 1 AktG wäre weitreichender als eine Ergänzung der Sorgfaltspflicht des § 93 Abs. 1 S. 1 AktG um eine Nachhaltigkeitsklausel. Erstere impliziert nämlich, dass die Leitungsautonomie des Vorstands beschnitten und der Klimaschutz bei unternehmerischen Entscheidungen aktiv zu realisieren wäre.[112] Zwar würde es sich nicht um eine Erfolgs-, sondern lediglich um eine Bemühenspflicht handeln.[113] Gleichwohl hätte der Vorstand „alles in [seiner] Macht Stehende zu tun, um mit [seiner] Geschäftspolitik (…) den Kampf gegen die Klimakatastrophe (…) zu unterstützen.“[114] Er müsste mithin auch Klimabelange bei allen Leitungsentscheidungen nicht nur prozedural, sondern ergebnisbezogen mit justitiablem Gewicht in die Abwägungsprozesse einstellen.[115]

---

[107] *Fest,* AG 2023, 713 (719) mit Verweis auf Art. 19a Abs. 2 lit. b Bilanz-RL nF.

[108] *Fest,* AG 2023, 713 (719), der den Unterschied für „im Einzelfall erheblich“ hält: „Unter wörtlicher Anwendung von § 76 Abs. 1 AktG-E [in der Fassung des *Sustainable Finance Beirats*] würden Vorstandsmitglieder nämlich pflichtgemäß handeln, wenn sie sämtliche betroffenen Nachhaltigkeitsaspekte berücksichtigen, sich dabei aber auf die kurzfristigen Folgen der Entscheidung beschränken.“

[109] Wissenschaftliche Vereinigung für Unternehmens- und Gesellschaftsrecht (VGR).

[110] *VGR-Arbeitskreis Aktienrechtsreform,* AG 2024 (im Erscheinen).

[111] *Weller/Fischer,* ZIP 2022, 2253 (2260).

[112] *Weller/Fischer,* ZIP 2022, 2253 (2260); *Fleischer* spricht insoweit von einem Pflichtrecht, das von „vornherein mit einer Pflichtbindung versehen und vornehmlich im Fremdinteresse auszuüben ist“, BeckOGK/*Fleischer,* 1.10.2023, AktG § 76 Rn. 10.

[113] ErwG 15 CSDDD-Entwurf: „Das Unternehmen sollte geeignete Maßnahmen ergreifen, die unter den Umständen des Einzelfalls *nach vernünftigem Ermessen* zur Verhinderung oder Minimierung der negativen Auswirkungen führen und die in Bezug auf den Schweregrad und die Wahrscheinlichkeit der nachteiligen Auswirkungen sowie die Größe, die Ressourcen und die Kapazitäten des Unternehmens verhältnismäßig und angemessen sind.“

[114] *Schön,* ZfPW 2022, 207 (255); ausführlich *Weller/Fischer,* ZIP 2022, 2253 (2260).

[115] *Weller/Fischer,* ZIP 2022, 2253 (2261) mit Verweis auf Art. 15 CSDDD; aA (nur prozedurale Berücksichtigung) *Harbarth,* AG 2022, 633 (638); *Balke,* AG 2023, 732 (740); *Fest,* AG 2023, 713 (717); vgl. ferner *VGR-Arbeitskreis Aktienrechtsreform,* AG

b) Sorgfaltspflicht: Berücksichtigung von Klimabelangen im Rahmen des § 93 Abs. 1 AktG

Die allgemeine Sorgfaltspflicht des § 93 Abs. 1 S. 1 AktG verpflichtet den Vorstand bei seiner Amtsführung nicht nur zur Legalität (Legalitätspflicht[116]), sondern auch zur Sorgfalt eines „ordentlichen und gewissenhaften Geschäftsleiters". Diskutiert wird, ob diese Sorgfalt auch die Berücksichtigung von Nachhaltigkeitsbelangen *erfordern* soll.

Nach dem Vorschlag des *Sustainable Finance Beirats* soll die enthaftende Wirkung der *Business Judgement Rule* in § 93 Abs. 1 S. 2 AktG nur „nach angemessener Identifizierung und Abschätzung aller relevanten Risiken, einschließlich *ökologischer* und sozialer *Nachhaltigkeitsrisiken*" eintreten.[117] Hiernach könnten sich Vorstände, die bei einer unternehmerischen Entscheidung Klimarisiken ignorieren oder nicht hinreichend in ihre Abwägung einbeziehen, nicht mehr auf die haftungsprivilegierende Wirkung der *Business Judgment Rule* berufen.[118] Einige Stimmen aus dem *VGR-Arbeitskreis Aktienrechtsreform* schlagen ebenfalls eine Präzisierung des § 93 Abs. 1 S. 2 AktG vor, um „die Qualität aktienrechtlicher Entscheidungsfindungen zu verbessern und dem Vorstand seine Aufgabe klar vor Augen zu führen":

> „Eine Pflichtverletzung liegt nicht vor, wenn das Vorstandsmitglied bei einer unternehmerischen Entscheidung vernünftigerweise annehmen durfte, auf der Grundlage angemessener Informationen, *die auch die Auswirkungen der Entscheidungsoptionen auf Umwelt- und sonstige Gemeinwohlbelange umfassen,* zum Wohle der Gesellschaft zu handeln."[119]

Fest befürwortet – alternativ zur *supra* diskutierten Nachhaltigkeitsklausel in § 76 Abs. 1 AktG – eine Umsetzung von Art. 25 Abs. 1 CSDDD-E in § 93 Abs. 1 S. 1 AktG:

> „Die Vorstandsmitglieder haben bei ihrer Geschäftsführung die Sorgfalt eines ordentlichen und gewissenhaften Geschäftsleiters anzuwenden *und dabei insbesondere die kurz-, mittel- und langfristigen Folgen ihrer Entscheidungen für Nachhaltigkeitsaspekte zu berücksichtigen.*"[120]

2024 (im Erscheinen), der „Gemeinwohlbelange bei unternehmerischen Entscheidungen angemessen [mitberücksichtigen will], ohne dadurch aber das Ergebnis der Abwägung vorzugeben".

[116] *Infra* C.IV.

[117] *Sustainable Finance Beirat,* aaO, S. 94 ff., 96.

[118] *Weller/Fischer,* ZIP 2022, 2253 (2263).

[119] *VGR-Arbeitskreis Aktienrechtsreform,* AG 2024 (im Erscheinen).

[120] *Fest,* AG 2023, 713 (719).

Im Gegensatz zur Leitungspflicht mit Nachhaltigkeitsklausel wären die Folgen für Nachhaltigkeitsaspekte dann bei *jeder* Entscheidung (und nicht nur bei Leitungsentscheidungen) zumindest zu berücksichtigen.[121]

2. Zusammensetzung des Vorstands

a) Nachhaltigkeitsexpertise im Vorstand

Mit Blick auf die Zusammensetzung des Vorstands regt der *Sustainable Finance Beirat* eine Ergänzung im DCGK an: „Die Bundesregierung sollte sich dafür einsetzen, dass die Regierungskommission DCGK entsprechende Empfehlungen und Anregungen formuliert" und die *„Nachhaltigkeitskompetenz von Geschäftsleitungen"* aufgenommen wird.[122] Eine hinreichende Nachhaltigkeitsexpertise müsste demnach künftig bei der Besetzung von Vorstandsposten als ein eigenständiges Kriterium mitberücksichtigt werden.[123]

b) *Chief Climate Officer*

Institutionelle Berücksichtigung könnte der Klimaschutz auch durch einen *Chief Climate Officers* auf Vorstandsebene finden.[124] Die verpflichtende Bestellung eines *Chief Climate Officers* würde nicht nur „zu einer höheren Sichtbarkeit und einem erhöhten Bewusstsein auf strategischer und operativer Ebene führen",[125] sondern könne auch zur entsprechenden Haftungsreduzierung bei den restlichen Vorstandsmitgliedern genutzt werden.[126]

3. Vergütung: Kopplung an Nachhaltigkeitsziele (§ 87 Abs. 1 S. 2 AktG)

Ein weiteres gesellschaftsrechtliches Instrument zur Förderung des Klimaschutzes ist die Vorstandsvergütung. Das ARUG II hat dieses Potential in einer Neufassung des § 87 Abs. 1 S. 2 AktG aufgegriffen. Seit 2020 ist der Aufsichtsrat börsennotierter Ge-

---

[121] *Fest,* AG 2023, 713 (720) mit Verweis auf ErwG 10 CSDDD-E; Stellungnahme zu diesem Vorschlag *infra* S. F 62 f. sowie S. F 92 ff.

[122] *Sustainable Finance Beirat,* aaO, S. 95.

[123] Freiberg/Bruckner/*Velte*, Corporate Sustainability, 2022, § 7 Rn. 35.

[124] Ausführlich *Ruttloff/Wagner/Reischl/Skoupil,* CB 2021, 425 (432); *Ruttloff/Wagner/Reischl/Skoupil,* CB 2021, 364, welche die „Zuweisung der Letztverantwortung [für Nachhaltigkeitsbelange] auf der Vorstandsebene" bereits *de lege lata* durch die Vielzahl an spezialgesetzlich vorgesehenen und direkt unter der Geschäftsleitung angesiedelten „Betriebsbeauftragte[n]" (namentlich Immissionsschutz-, Störfall-, Abfall-, Gewässerschutz- und Menschenrechtsbeauftragte[n])" impliziert sehen.

[125] Freiberg/Bruckner/*Velte*, aaO, § 7 Rn. 36.

[126] *Ruttloff/Wagner/Reischl/Skoupil,* CB 2021, 425 (427); Freiberg/Bruckner/*Velte*, aaO, § 7 Rn. 36.

sellschaften verpflichtet, die Vergütungsstruktur (auch) an Nachhaltigkeitsbelangen auszurichten.[127] Die Mehrheit deutscher DAX-Unternehmen hat bereits heute den *Klimaschutz* als wichtigsten Nachhaltigkeitsbelang identifiziert und macht einen Teil der variablen Vergütung ihrer Vorstandsmitglieder von der Emissionsreduktion abhängig.[128] Auch die EU will variable Vergütungsbestandteile der Vorstandsmitglieder an das Erreichen gewisser *Klimaziele* koppeln.[129]

In der Literatur wird darüber hinaus vorgeschlagen, das *Nicht*erreichen vorab definierter Nachhaltigkeitsziele – etwa der Emissionsreduktion – durch eine Gehaltskürzung (sogenannte „*Green Pill*") zu sanktionieren.[130] Eine derartige Ausgestaltung des Vergütungssystems erinnert an das für Erfolgspflichten charakteristische Minderungsrecht.[131] Jedenfalls würde der Vorstand incentiviert werden, sich nicht nur zu bemühen, sondern sichtbare Erfolge zu erzielen.

4. Risikomanagementsystem: Berücksichtigung von Nachhaltigkeitsaspekten (§ 91 Abs. 2, 3 AktG)

Seit dem auf den *Wirecard*-Skandal zurückgehenden Finanzmarktintegritätsstärkungsgesetz (2021) hat der Vorstand börsennotierter Gesellschaften nach § 91 Abs. 3 AktG ein dem Umfang der Geschäftstätigkeit und der Risikolage des Unternehmens angemessenes und wirksames internes Kontroll- und Managementsystem zu errichten. Dieses ergänzt das in § 91 Abs. 2 AktG vorgesehene Früherkennungssystem für bestandsgefährdende Risiken.[132] Da sich solche Risiken nicht nur aus Finanzaspekten, sondern auch aus dem Klimawandel ergeben können, wird namentlich von *Hommelhoff*[133] und *Walden*[134] eine Ausdehnung des Risikomanagementsystems in § 91 Abs. 3 AktG auf Nachhaltigkeitsaspekte erwogen.[135] Gleiches empfehlen der *Sustainable Finance Beirat*[136] sowie auf dessen Vor-

---

127 *Mittwoch,* aaO, S. 158 ff.

128 *Supra* C.II.2.

129 Art. 15 Abs. 2 S. 1 CSDDD-Entwurf.

130 *Armour/Enriques/Wetzer,* Green Pills: Making Corporate Carbon Commitments Credible, European corporate governance institute, Law Working Paper No 657/2022, Dezember 2022, S. 39 ff.

131 *Weller/Fischer,* ZIP 2022, 2253 (2260).

132 BT-Drs. 19/26966, 114 f.; BeckOGK/*Fleischer,* 1.10.2023, AktG § 91 Rn. 50.

133 *Hommelhoff,* NZG 2017, 1361 (1363 ff.).

134 *Walden,* NZG 2020, 50 (55 f.).

135 Zur Etablierung des nachhaltigen Risikomanagementsystems *Chromik,* ZHR 187 (2023), 209; vgl. ferner *Fleischer,* AG 2023, 833 (842), der Klimarisiken bereits *de lege lata* „nicht als völlig neue Risikoart [begreift], sondern nach Kräften in den allgemeinen Rahmen des aktienrechtlichen Risikomanagements [einbetten]" möchte.

136 *Sustainable Finance Beirat,* aaO, S. 96.

schlag hin der DCGK: „Das interne Kontrollsystem und das Risikomanagementsystem sollen, soweit nicht bereits gesetzlich geboten, auch *nachhaltigkeitsbezogene Ziele* abdecken.“[137] Daran anknüpfend wird vorgeschlagen, Art. 25 CSDDD-Entwurf durch eine Erweiterung der Risikomanagementsystems um Nachhaltigkeitsaspekte umzusetzen.[138]

III. Aufsichtsrat

1. Zusammensetzung des Aufsichtsrats: Klimaexpertise (§ 100 Abs. 5 AktG)

Nach § 100 Abs. 5 AktG müssen Unternehmen von öffentlichem Interesse je mindestens ein Aufsichtsratsmitglied mit Sachverstand auf dem Gebiet der Rechnungslegung und der Abschlussprüfung vorweisen. Da der Aufsichtsrat nach § 171 Abs. 1 S. 4 AktG auch für die Prüfung der nichtfinanziellen Erklärung zuständig ist, wird insbesondere in der Betriebswirtschaft befürwortet, die Rechnungslegungs- und Abschlussprüfungsexpertise um eine *Nachhaltigkeits-* und *Klimaexpertise,* etwa in Person eines *Sustainability* oder *Climate Experts*[139], zu ergänzen.[140] Zur Einrichtung einer solchen Klimaexpertise könne § 100 Abs. 5 AktG *de lege ferenda* erweitert werden.[141] Sachlich könne die Expertise durch „berufliche und/oder akademische Erfahrungen im Sozial- und Umweltbereich“ nachgewiesen werden.[142] Im Berichtsjahr 2022 hatten bereits 15 der DAX 40-Unternehmen eine als solche ausgewiesene Nachhaltigkeitsexpertise im Aufsichtsrat.[143]

Zur dauerhaften Förderung der Nachhaltigkeitskompetenz des Aufsichtsrats schlägt der *Sustainable Finance Beirat* außerdem vor, den DCGK um eine Empfehlung zu entsprechenden Aus- und Fortbildungsmaßnahmen zu ergänzen: „Die Gesellschaft soll die Mitglieder des Aufsichtsrats bei ihrer Amtseinführung sowie den *Aus- und Fortbildungsmaßnahmen,* unter anderem *in Bezug auf das Nachhaltigkeitsmanagement,* angemessen unterstützen […].“[144]

---

137 *DCGK* (2022), Empfehlung A.3.

138 *Gabius,* CCZ 2023, 51 (55).

139 *Sustainable Finance Beirat,* aaO, S. 95.

140 *Schmidt,* DB 2020, 233 (240); *Simon-Heckroth/Borcherding,* WPg 2020, 1104 (1105).

141 Freiberg/Bruckner/*Velte,* Corporate Sustainability, 2022, § 7 Rn. 46.

142 So Freiberg/Bruckner/*Velte,* aaO, § 7 Rn. 48.

143 *Russell Raynolds Associates,* DAX 40-Aufsichtsratsstudie 2022, S. 15, Auszüge abrufbar unter https://www.dropbox.com/s/zzjhcp244e4tnal/Russell%20Reynolds%20DAX%2040-Aufsichtsratsstudie%202022%20Auszug.pdf?dl=0.

144 *Sustainable Finance Beirat,* aaO, S. 95.

2. Organisation des Aufsichtsrats: Klimaausschuss (§ 107 Abs. 3 AktG)

Ein rechtsvergleichender Blick ins Ausland – namentlich nach Indien[145] – erhellt, dass der Verwaltungsrat von Unternehmen ab einer bestimmten Größe zur Einrichtung eines mindestens dreiköpfigen Nachhaltigkeitsausschusses verpflichtet werden kann.[146] Dieser Nachhaltigkeits- oder Klimaausschuss soll Vorschläge für die Nachhaltigkeits- und Klimapolitik aussprechen, Empfehlungen zu den Ausgaben in diesem Bereich geben sowie diesbezügliche Initiativen des Unternehmens überwachen.[147] In Deutschland bildeten im Berichtsjahr 2022 bereits ein Drittel[148] aller Aufsichtsratsgremien einen Nachhaltigkeitsausschuss mit ähnlichem Aufgabenprofil[149], wenngleich die Einrichtung eines solchen Ausschusses de *lege lata* nicht verpflichtend ist, sondern der Organisationsautonomie des Aufsichtsrats nach § 107 Abs. 3 S. 1 AktG unterfällt.[150]

IV. Hauptversammlung

1. *Say on Climate*

Im Gegensatz zu Vorstand und Aufsichtsrat als Handlungsorganen ist die Hauptversammlung zwar primär Willensbildungsorgan:[151] Anders als in anderen Ländern – etwa Spanien[152] oder der

---

[145] Companies Act, No. 18 of 2013, India Code (2013), § 135 Abs. 1: "Every company having net worth of rupees five hundred crore or more, or turnover of rupees one thousand crore or more or a net profit of rupees five crore or more during the immediately preceding financial year shall constitute a Corporate Social Responsibility Committee of the Board consisting of three or more directors, out of which at least one director shall be an independent director."

[146] *Afsharipour/Rana,* U.C. Davis Business Law Journal Vol. 14 (2014), 175 (218).

[147] Companies Act, No. 18 of 2013, India Code (2013), § 135 Abs. 3, *Afsharipour/Rana,* U.C. Davis Business Law Journal Vol. 14 (2014), 218; vgl. Freiberg/Bruckner/*Velte,* aaO, § 7 Rn. 34.

[148] *Russell Raynolds Associates,* DAX 40-Aufsichtsratsstudie 2022, S. 16.

[149] *Jaspers,* AG 2022, 309 (310f.).

[150] *Hommelhoff/Allgeier/Jelonek,* NZG 2023, 911 (915); *Jaspers,* AG 2022, 309 (310).

[151] *Koch,* AktG, 17. Aufl. 2023, § 118 Rn. 2; MüKoAktG/*Kubis,* 5. Aufl. 2022, § 118 Rn. 10.

[152] So sieht das spanische Gesellschaftsrecht in Art. 49 Código de Comercio seit 2018 eine Abstimmung der Hauptversammlung über die nichtfinanzielle Erklärung vor: „Será de obligado cumplimiento que el informe sobre la información no financiera deba ser presentado como punto separado del orden del día para su aprobación en la junta general de accionistas de las sociedades."

Schweiz[153] – erstreckt sich ihre Willensbildungsbildungskompetenz in Deutschland bislang indes nicht auf Nachhaltigkeits- und Klimaaspekte.[154] In seiner Gesamtheit tangiert der Transformationsprozess jedoch sehr wohl das Eigentumsrecht der Aktionäre.[155] Sie möchten daher immer öfter auch selbst Stellung nehmen.[156] Umgekehrt kann eine Einbindung der Aktionäre – idealerweise gebündelt in Beschlussform – für die Unternehmensleitung eine besondere Legitimationswirkung für Klimatransformationsprozesse bieten.[157] *De lege ferenda* wird daher diskutiert, der Hauptversammlung Beschlussfassungen über Klimathemen in Form eines *Say on Climate* zu ermöglichen.[158]

a) Konsultativbeschluss

Um das Kompetenzgefüge und die eigenverantwortliche Geschäftsführungsbefugnis des Vorstands nicht zu beeinträchtigen, wäre ein *Say on Climate*-Beschluss *konsultativ* auszugestalten.[159] Im Hinblick auf die Rechtsfolgen bietet sich die Formulierung des *Say on Pay*-Beschlusses in § 120a Abs. 1 S. 2 und 3 AktG an:[160]

> *„Der Beschluss begründet weder Rechte noch Pflichten. Er ist nicht nach § 243 [AktG] anfechtbar."*

---

[153] Seit 2022 gilt im Schweizer Gesellschaftsrecht nach § 964c Abs. 1 OR: „Der Bericht über nichtfinanzielle Belange bedarf der Genehmigung und Unterzeichnung durch das oberste Leitungs- oder Verwaltungsorgan sowie der Genehmigung des für die Genehmigung der Jahresrechnung zuständigen Organs."

[154] *De lege lata* können Aktionäre weder verbindliche noch unverbindliche Beschlüsse zu Klimathemen auf der Hauptversammlung initiieren; sie sind nach § 119 Abs. 2 AktG auf Vorlagen vom Vorstand angewiesen (die es aber bislang in praxi kaum gibt), näher *Weller/Hoppmann*, AG 2022, 640 (645); aA *Schirmer*, ZHR 2024 (im Erscheinen). Vgl. ferner *VGR*, Stellungnahme zum DCGK-Entwurf (2022), AG 2022, 239 (243), Rn. 31: „Die Hauptversammlung wird im Vergleich zum Vorstand und vor allem zum Aufsichtsrat im Kodex nur in wenigen Grundsätzen und Anregungen angesprochen, obwohl sie für die aktive und verantwortungsvolle Ausübung der Mitgliedschaftsrechte institutioneller Anleger und sonstiger Aktionäre von maßgeblicher Bedeutung ist." Vgl. zu anderen Beteiligungsmodellen der Aktionäre Nietsch/*Vetter*, Nachhaltiges Aktienrecht, 2023, S. 71, 79ff.

[155] *VGR*, AG 2022, 239 (243).

[156] Siehe zu den weltweit steigenden Zahlen von *shareholder proposals* zu Klimathemen die Datenerhebung von *Bakker*, ECFR 2023, 276 (282); ferner *Drinhausen*, ZHR 186 (2022), 201 (202f.).

[157] *Harnos/Holle*, AG 2021, 853 (860): „gebündelter Dialog"; *Simons*, ZGR 2018, 316 (324).

[158] Vgl. *Drinhausen*, ZHR 186 (2022), 201; *Fleischer*, DB 2022, 37 (45); *Harnos/Holle*, AG 2021, 853; *Vetter*, AG 2023, 564; *Weller/Hoppmann*, AG 2022, 640.

[159] *Fleischer*, DB 2022, 37 (45); *Vetter*, AG 2023, 564 (577); *Weller/Hoppmann*, AG 2022, 640 (646).

[160] *Vetter*, AG 2023, 564 (577); *Weller/Hoppmann*, AG 2022, 640 (646).

b) Fakultativer oder obligatorischer Beschluss

Inhaltlich könnten der Hauptversammlung etwa ein „Klimaplan, Klimaaktionsplan, Klimafahrplan, Klimaüberleitungsplan oder [eine] Klimastrategie" oder der „jährliche Bericht über [deren] Umsetzung und Modifikation im vergangenen Jahr" zum Beschluss vorgelegt werden.[161] Ein einheitlicher Beschlussinhalt hat sich *bis dato* noch nicht etabliert.[162] Da ein *obligatorisches* Votum indes gesetzlich vorgesehene Beschlussthemen erfordert, die wiederum durch den Vorstand eigeninitiierte Klimaschutzmaßnahmen unterminieren könnten, plädieren etwa *Drinhausen* und *Vetter* für ein lediglich *fakultatives Say on Climate.*[163]

Andererseits könnte auch die künftige, von der CSRD geforderte Nachhaltigkeitserklärung zur Abstimmung vorgelegt werden.[164] Da deren Inhalt durch den EU-Gesetzgeber verpflichtend vorgegeben ist, wäre insofern auch ein *obligatorisches Say on Sustainabilty* möglich. Insbesondere würde ein obligatorischer Beschluss die Bedeutung der Nachhaltigkeitserklärung unterstreichen und den Vorstand zu ambitionierten Klimaschutzmaßnahmen incentivieren.[165]

c) Initiativrecht einer qualifizierten Aktionärsminderheit

Ein Initiativrecht in Bezug auf *Shareholder Proposals* zu Klimathemen sollte – so etwa die VGR – abgesehen vom Vorstand auch einer qualifizierten Aktionärsminderheit iSv § 122 Abs. 2 AktG eingeräumt werden. Die VGR empfiehlt entweder eine gesetzliche Regelung[166] oder jedenfalls eine Ergänzung des DCGK um folgende Anregung:

> *„Der Vorstand sollte der Hauptversammlung seinen Plan zum Umgang mit klimaschädlichen Emissionen und deren Reduzierung sowie einen Bericht zu dessen Umsetzung jedenfalls dann zur Billigung vorlegen, wenn Aktionäre, deren Anteile den 20. Teil des Grundkapitals oder den anteiligen Betrag von EUR 500.000 erreichen, dies verlangen."*[167]

---

[161] So *Vetter,* AG 2023, 564 (565).
[162] *Vetter,* AG 2023, 564 (565).
[163] *Drinhausen,* ZHR 186 (2022), 201 (212); *Vetter,* AG 2023, 564 (576 f.).
[164] *Weller/Hoppmann,* AG 2022, 640 (646 f.); *Jaspers,* AG 2022, R240 (R241 ff.).
[165] *Fleischer,* DB 2022, 37 (42); *Weller/Hoppmann,* AG 2022, 640 (646 f.).
[166] Die Mehrheit des *VGR-Arbeitskreises Aktienrechtsreform,* AG 2024 (im Erscheinen), „unterstützt den Vorschlag einer gesetzlichen Regelung, wonach die Hauptversammlung berechtigt ist, zu grundlegenden Geschäftsführungsthemen unter einem eigenständigen Tagesordnungspunkt Beschlüsse zu fassen, die den Vorstand allerdings nicht binden."
[167] *VGR,* AG 2022, 239 (243).

2. *Responsible climate lobbying*

Die rechtspolitische Klimaregulierung wird – wie andere Politikfelder auch – von Lobbyaktivitäten beeinflusst.[168] Einige institutionelle Investoren möchten ihre Portfoliounternehmen daher statutarisch zur Offenlegung klimabezogener Lobbyaktivitäten verpflichten.[169] Dadurch soll der Vorstand wegen etwaiger ansonsten drohender Reputationsschäden „faktisch dazu angehalten [werden], die entsprechenden Maßnahmen klimafreundlich auszurichten."[170] *De lege lata* steht diesem Verlangen indes – wie der VW-Fall zeigt – die Satzungsstrenge des § 23 Abs. 5 AktG entgegen[171]: So sind statutarische Berichtspflichten zwar nicht generell ausgeschlossen, jedenfalls aber solche, die spezifisch verhaltenssteuernd wirken. *De lege ferenda* könnte der Vorstand durch die Hauptversammlung also nur bei entsprechender Lockerung der Satzungsstrenge (§ 119 Abs. 2 Nr. 6, § 23 Abs. 5 AktG) zur Auskunft verpflichtet werden.

---

168 *Gründinger,* Lobbyismus im Klimaschutz, 2012, S. 60ff; *Kieninger,* ZHR 187 (2023), 348 (380f.).

169 *Responsible climate lobbying: The global standard,* Pressemitteilung v. 14.3.2022, abrufbar unter https://climate-lobbying.com/launch-press-release/.

170 *Verse,* AG 2023, 578 (579).

171 OLG Braunschweig, AG 2023, 589 (590ff.); *Verse,* AG 2023, 578 (579ff.); *Reichert/Groh,* NZG 2023, 1500 (1502); aA *Klöhn,* NZG 2023, 645ff.

E. Fokussierung auf Klimaschutz statt auf Nachhaltigkeit

Sowohl die *lex lata* als auch die Reformvorschläge in der Literatur kreisen um den Oberbegriff der Nachhaltigkeit. Dies hat durchaus seine Berechtigung, namentlich hat sich der Begriff historisch entwickelt und in diesem Zuge immer weitere Facetten in sich vereint. Heute wird der Rechtsbegriff der Nachhaltigkeit daher in mehrfacher Hinsicht verstanden und verwendet, namentlich (1.) zeitlich, (2.) ökologisch und (3.) sozial[172] **(unter I.)**. Bei unternehmerischen Leitungsentscheidungen kann diese Weite jedoch – wenn das Recht pauschal zu „Nachhaltigkeit" verpflichtet – zu Zielkonflikten bei divergierenden Nachhaltigkeitsbelangen führen **(unter II.)**. Angesichts dieser begrifflichen Unschärfe[173] eignet sich die Nachhaltigkeit nicht als Referenzbegriff für eine gesellschaftsrechtliche Regelung, soweit sie nicht durch eine unionsrechtliche Nachhaltigkeitsvorgabe prädeterminiert ist. Für *autonome nationale* Maßnahmen sollte der deutsche Gesetzgeber den Fokus daher vielmehr verengen und auf den Klimaschutz legen **(unter III.)**.

I. Dimensionen der Nachhaltigkeit: zeitlich, ökologisch, sozial

Im Sprachgebrauch bezog sich Nachhaltigkeit zunächst auf das zeitlich lange Anhalten von Wirkungen.[174] Zwar lässt sich das Adjektiv „nachhaltend" bereits im 18. Jahrhundert im Zusammenhang mit der Forstwirtschaft in einem auch ökologischen Sinne belegen.[175] Jedoch war als Bedeutung der Begriffe „nachhaltig" und „Nachhaltigkeit" in den führenden Wörterbüchern lange keine allgemein-ökologische Konnotation des Begriffs angeführt. Stattdessen definierte beispielsweise der Duden bis 2011[176] „nachhaltig" als „sich auf längere Zeit auswirkend."[177]

---

[172] *Mittwoch,* aaO, S. 28ff.; *Hellgardt/Jouannaud,* AcP 2022, 163 (167f.).

[173] *Murray,* American University Business Law Review Vol. 2:1 (2012), 1, 27: „‚Sustainability' is perhaps the most overused word in the social enterprise space […]."; *Schön,* ZfP 2022, 207 (208); *Schubert,* FS Henssler, 2023, 1265 (1267ff.); Nietsch/*Vetter,* Nachhaltiges Aktienrecht, 2023, S. 71.

[174] *Rödel,* Die Invasion der „Nachhaltigkeit", Deutsche Sprache 2013, 115.

[175] Zur Rückführung auf *Hans Carl von Carlowitz* und sein Werk zur „Sylvicultura oeconomica" *Rödel,* aaO, 118.

[176] *Rödel,* aaO, 122.

[177] So noch heute die erstgenannte Bedeutung bei Duden-Online, abrufbar unter https://www.duden.de/rechtschreibung/Nachhaltigkeit.

Das Begriffsverständnis hat sich indes inzwischen gewandelt: Zunehmend wird mit Nachhaltigkeit ein *ökologisches* Konzept der Ressourcenschonung verbunden. Dieses ökologische Verständnis dürfte heute „den Kern des Nachhaltigkeitsbegriffs“[178] bilden. Noch jünger ist die Betonung auch *sozio-ökonomischer* Nachhaltigkeit, welche die moralische Aufladung des Nachhaltigkeitsbegriffs auch auf andere gesellschaftliche Belange erstreckt (zB Arbeitsbedingungen) und im „Megatrend ESG“[179] mündet. Diesem weiten Begriffsverständnis hängen beispielsweise die *CSRD* und *CSDDD* sowie die Agenda 2030 der Vereinten Nationen[180] an. Letztere fasst unter die *Sustainable Development Goals* sogar siebzehn sehr disparate Ziele.[181]

II. Zielkonflikte bei divergierenden Nachhaltigkeitsbelangen

Die Weite des Nachhaltigkeitsbegriffs bringt es mit sich, dass es zwischen verschiedenen zu beachtenden Nachhaltigkeitsbelangen zu Zielkonflikten kommen kann.[182] Ein Abwägungsproblem entsteht namentlich dann, wenn bei einer Geschäftsleitungsentscheidung mehrere ESG-Parameter inkompatibel sind, wie etwa Windenergieausbau und Erhalt der Biodiversität.[183] Damit stellt sich die Problematik, ob es ein Rangverhältnis der ESG-Belange untereinander gibt.[184] Das wird man in der Regel nicht pauschalierend annehmen können; vielmehr ist die Gewichtung im Einzelfall entscheidend. Lediglich der Klimaschutz dürfte – Stand heute – Vorrang haben vor anderen ESG-Belangen[185]: Allein mit Blick auf die Bremsung der Erderwärmung und der diesbezüglich notwendigen CO_2-Vermeidung hat die EU die Atomkraft als nachhaltig einstufen können, ungeachtet des ungelösten Endlagerproblems und damit anderer ESG-Belange (Umwelt, Biodiversität etc.). Der Vorrang des Klimaschutzes ist aber nicht absolut, kann also im Rahmen der Abwägung bei entsprechender Begründung hintenangestellt werden.[186]

---

[178] *Hellgardt/Jouannaud*, AcP 2022, 163 (168).

[179] Zur Entwicklung von ESG *Koch*, AG 2023, 553 ff.

[180] https://sdgs.un.org/2030agenda.

[181] Von Armutsbekämpfung (Ziel 1) über Bildung (Ziel 4), bessere Arbeitsbedingungen (Ziel 8) und Klimaschutz (Ziel 13) bis hin zu Frieden und Gerechtigkeit (Ziel 16).

[182] *Schön*, ZfPW 2022, 207 (243 ff.); *Weller/Fischer*, ZIP 2022, 2253 (2260 f.).

[183] *A. Seemann*, ESG, Podcast v. 20.4.2022, abrufbar unter www.dry-powder.de.

[184] *Schön*, ZfPW 2022, 207 (243 f.).

[185] *Schön*, ZfPW 2022, 207 (243 f.).

[186] *Weller/Fischer*, ZIP 2022, 2253 (2261).

III. Empfehlung: Fokussierung auf den Klimaschutz

Sowohl „ESG“ als auch „Nachhaltigkeit“ beinhalten verschiedene zu verfolgende Ziele, es handelt sich um multifaktorielle „Verbundbegriffe“.[187] Würde man diese in einer gesetzlichen Regelung zum Maßstab nehmen, zöge dies bei Zielkonflikten die Frage nach der Gewichtung und Priorisierung eines der Ziele nach sich (zB können soziale Arbeitnehmerbelange und Umweltschutz konfligieren).[188] Anders gewendet, diese Verbundbegriffe sind für die Rechtsanwendungspraxis inoperabel.[189] Daher wird empfohlen, bei künftigen gesetzgeberischen Maßnahmen den Fokus auf den Klimaschutz zu legen.

---

[187] *Mittwoch,* aaO, 105.
[188] *Weller/Fischer,* ZIP 2022, 2253 (2259 ff.).
[189] *Mittwoch,* aaO, 32: „Problem der Operabilität“.

F. Klimaneutralität als rechtliche Zielvorgabe

Ausgangspunkt der nachfolgenden Regelungsempfehlungen **(unter G.)** ist die „Klimaneutralität", die sich inzwischen außerhalb der Naturwissenschaften auch als *rechtliche* Zielvorgabe verfestigt hat. An dieser Zielvorgabe hat sich auch das Gesellschaftsrecht auszurichten. So ist die Klimaneutralität in der EU spätestens seit dem Green Deal von 2019 ein zentraler Begriff in den Anstrengungen zur Bekämpfung des anthropogenen Klimawandels. Dies wird eine Zusammenschau von internationalem, europäischem und nationalem öffentlichen Recht **(unter I.)** sowie aus EU-Gesellschaftsrecht erhellen **(unter II.)**. Da der Begriff der Klimaneutralität in verschiedenen Regelungskontexten im Mehrebenensystem verwendet wird, muss außerdem definitorische Klarheit über dessen Inhalt und Reichweite hergestellt werden **(unter III.)**.

I. Klimaneutralität als Zielvorgabe für Staaten

Ausdrücklich öffentlich-rechtlich festgeschrieben sind Ziel und Begriff der Klimaneutralität in Art. 2 der im Jahr 2021 verabschiedeten Verordnung (EU) 2021/1119, die den offiziellen Titel „Europäisches Klimagesetz" (im Folgenden EU-Klimagesetz) trägt.[190] Gemäß Art. 2 EU-Klimagesetz soll der Zustand der Klimaneutralität bis spätestens 2050 erreicht werden **(unter 1.)**. Das Jahr 2050 hat einen naturwissenschaftlichen Hintergrund: Nach dem IPCC ist die Erreichung des im Pariser Klimaabkommen festgeschriebenen 1,5 °C-Ziels nur dann realistisch, wenn bis spätestens 2050 netto CO_2-Neutralität besteht, dh nicht mehr ausgestoßen wird als auch aus der Atmosphäre entnommen wird.[191] Parallel zum Pariser Klimaabkommen und dem EU-Klimagesetz leitet das BVerfG aus der Staatszielbestimmung des Art. 20a GG in seinem Klimabeschluss vom 24.3.2021 eine Pflicht zur Erreichung von Klimaneutralität ab.[192] Einfachgesetzlich hat der Gesetzgeber das Klimaneutralitätsziel im Bundesklimaschutzgesetz (KSG) aufgegriffen[193] **(unter 2.)**.

---

[190] Zum EU-Klimagesetz *Schlacke/Köster/Thierjung*, EuZW 2021, 620 (621).

[191] Zuletzt IPCC, Assessment Report 6 – Climate Change 2023 – Summary for Policymakers, 2023, S. 20, abrufbar unter IPCC_AR6_SYR_SPM.pdf): „Pathways that limit warming to 1,5°C with no or limited overshoot reach net zero CO_2 in the early 2050s, followed by net negative CO_2 emissions."

[192] BVerfG, NJW 2021, 1723, Leitsatz 2: „Art. 20a GG verpflichtet den Staat zum Klimaschutz. Dies zielt auch auf die Herstellung von Klimaneutralität."

[193] § 15 KSG: „Klimaneutrale Bundesverwaltung".

1. Unionsrechtliches Ziel der Klimaneutralität

Die völkerrechtliche 1,5 bzw. 2 °C-Zielvorgabe hat die EU mit mehreren Rechtsakten für sich und ihre Mitgliedstaaten rechtsverbindlich umgesetzt und als Zielvorgabe die Klimaneutralität bis 2050 statuiert.

a) Pariser Klimabkommen: 1,5 °C-Ziel

Schon nach Art. 2 der Klimarahmenkonvention von Rio (1992)[194] soll die atmosphärische Treibhausgaskonzentration auf einem Niveau stabilisiert werden, das eine gefährliche anthropogene Störung des Klimasystems verhindert.[195] Die wichtigste Regelung, die sich daran anknüpfend aus dem Pariser Klimaabkommen (2015)[196] ergibt, ist die in Art. 2 Abs. 1 lit a statuierte *Pflicht* der Staaten, den Anstieg der durchschnittlichen Erdtemperatur deutlich unter 2 °C über dem vorindustriellen Niveau zu halten und Anstrengungen zu unternehmen, um den Temperaturanstieg auf 1,5 °C über dem vorindustriellen Niveau zu begrenzen.[197] Die Zahl 2 °C ist nicht aus der Luft gegriffen, sondern stellt einen klimatischen Kipppunkt dar: Ab diesem Grad der Erderwärmung würde sich das Klimasystem – so das IPCC – „reorganisieren" und nicht mehr zum ursprünglichen Zustand zurückkehren; es träten mithin unumkehrbare Folgen ein, der Mensch verlöre seinen Einfluss.[198] Einen festen Zeitrahmen oder eine fixierte Jahreszahl sieht das Pariser Abkommen für die Klimaschutzanstrengungen indes nicht vor, stattdessen werden für die zweite Hälfte des 21. Jahrhunderts Netto-Null-Emissionen angestrebt (Art. 4 Abs. 1 Pariser Abkommen).[199] Außerdem sieht das Pariser Abkommen als Rahmenübereinkommen in Art. 4 Abs. 9 für die Zeitstrecke bis zur Erreichung der CO_2-Neutralität Kommunikationspflichten und feste inhaltliche Kontrollpunkte vor: Alle fünf Jahre kommt es zur globalen Bestandsaufnahme der Klimaschutzbemühungen und gegebenenfalls zu inhaltlichen Anpassungen.

---

[194] Die in Rio de Janeiro im Jahr 1992 verabschiedete Klimarahmenkonvention der UN *(United Nations Framework Convention on Climate Change – UNFCCC)*, abrufbar unter conveng.pdf (unfccc.int), bildet bis heute die Grundlage des internationalen Klimaschutzregimes, indem die Staatengemeinschaft den Klimawandel erstens als Problem anerkennt und sich zweitens zum Handeln verpflichtet, Rodi/*Kreuter-Kirchhof*, Handbuch Klimaschutzrecht, 2022, § 2 Rn. 2, Rn. 10; *Durner*, EurUP 2021, 330 (335).

[195] *Tran*, Klimaklagen, 2024, S. 24 (im Erscheinen).

[196] Übereinkommen von Paris vom 12.12.2015, UN Treaty Collection Vol. II Kap. 27, 7d (Pariser Abkommen).

[197] Zum Pariser Abkommen *Böhringer*, ZaöRV 2016, 753 (761).

[198] *IPCC*, Klimaänderungen, Synthesebericht 2014, S. 130, abrufbar unter Klimaänderung 2014 – IPCC-Synthesebericht.

[199] *Saurer*, NVwZ 2017, 1574 (1575).

b) Drei Säulen-Ansatz der EU zur Treibhausgasreduktion

Aufbauend auf diesem völkerrechtlichen Rahmen setzt die EU bei ihren gesamtheitlichen (dh nicht einzelsektorspezifischen) Maßnahmen gegen den Klimawandel bislang auf drei Säulen:[200]

- Die Sektoren, die dem Emissionshandelssystem unterfallen (EHS-Sektoren)[201],
- die Nicht-EHS-Sektoren[202] und
- die Sektoren Landnutzung, Landnutzungsänderung und Forstwirtschaft *(Land Use, Land Use Change and Forestry – LULUCF)*, die einem Sonderregime unterliegen.[203]

c) Governance-VO (2018)

Zur Implementierung eines EU-internen Planungs- und Monitoringsystems wurde am 11. Dezember 2018 ferner die Verordnung (EU) 2018/1999 (sog. Governance-VO) erlassen.[204] Dadurch soll die Umsetzung der Ziele der Energieunion, insbesondere der EU-2030-Ziele zum Anteil erneuerbarer Energien und zur Energieeffizienz, sichergestellt werden.[205] Nach dem gemäß Art. 9 EU-Governance-VO von den einzelnen Mitgliedstaaten vorzulegenden *National Energy and Climate Plan* (NECP) will sich die Bundesrepublik für das Ziel der Treibhausgasneutralität bis 2050 in Europa einsetzen.[206]

d) Europäisches Klimagesetz (2021) im Kontext des European Green Deal (2019)

Der Begriff der Klimaneutralität wird im European Green Deal vom 11. Dezember 2019 prominent aufgegriffen mit der Zielformulierung, die EU müsse bis 2050 klimaneutral sein.[207] Daneben enthält

---

[200] *Saurer*, NVwZ 2017, 1574 (1578).

[201] Emissionshandelsrichtlinie 2003/87/EG (EHS-RL), zuletzt geändert durch die RL 2018/410/EU, darunter fallen die Sektoren Energie, energieintensive Industrie und seit 2012 auch der EU-weite Luftverkehr; detaillierter *Steuer*, ZEuP 2024 (im Erscheinen).

[202] Verordnung (EU) 2018/842 (Lastenteilungs-VO). Darunter fallen die Sektoren Verkehr, Gebäude, Landwirtschaft und kleine Industrieanlagen.

[203] Für sie trifft die Verordnung (EU) 2018/841 (sog. LULUCF-VO) eigene Klimaschutzvorgaben, näher *infra* G.I.4.b).

[204] Fellenberg/Guckelberger/*Fellenberg/Guckelberger*, Kommentar zum KSG, TEHG, BEHG, 2022, Einl. Rn. 11.

[205] ErwG 1 Verordnung (EU) 2018/1999.

[206] *Bundesministerium für Wirtschaft und Energie*, Nationaler Energie- und Klimaplan, 2020, S. 46: „Deutschland setzt sich (…) für das Ziel der Treibhausgasneutralität bis 2050 in Europa ein. Die Staats- und Regierungschefs der EU haben sich im Dezember 2019 auf das Ziel einer klimaneutralen EU bis 2050 geeinigt."

[207] Green Deal 2.1.1.: „The Commission has already set out a clear vision of how to achieve climate neutrality by 2050. […] The EU has already started to modernize and

der Green Deal auch die Ziele, bis 2030 die Netto-Treibhausgasemissionen um 55 % zu senken, die LULUCF-VO zu schärfen sowie die Verpflichtung, nach 2050 Negativ-Emissionen zu erreichen.[208] Der Green Deal gibt der Klimatransformation in der EU folglich einen stringenteren zeitlichen Rahmen, als dieser in Art. 4 Abs. 1 Pariser Abkommmen gesetzt ist.

Rechtlich verbindlich gemacht wurden die Inhalte des Green Deals dann mit dem im Juli 2021 in Kraft getretenen EU-Klimagesetz[209], gestützt auf Art. 192 Abs. 1 iVm 191 Spiegelstrich 4, 4 Abs. 2 lit. e) AEUV.[210] Nach Art. 2 Abs. 1 EU-Klimagesetz ist in der EU bis 2050 Klimaneutralität zu erreichen. Dabei wird vorgegeben, der Reduktion von Treibhausgasemissionen oder sonstigen klimaschädlichen Handlungen Vorrang einzuräumen gegenüber Kompensationsmaßnahmen; letztere sind jedoch ebenfalls zulässig.[211] CO_2-Beseitigungstechnologien, insbesondere CO_2-Abscheidung und Speicherung *(Carbon Capture and Storage – CCS)* und CO_2-Abscheidung und Verwendung *(Carbon Capture and Utilisation – CCU)* sollen kosteneffizient eingesetzt sowie die natürlichen CO_2-Senken (Wälder, Böden, landwirtschaftliche Flächen und Feuchtgebiete) erhalten und erweitert werden.[212]

2. Nationales Ziel der Klimaneutralität

a) Klimaneutralität als Zielvorgabe des Verfassungsrechts (Art. 20a GG)

Art. 20a GG schützt als Staatszielbestimmung die natürlichen Lebensgrundlagen. Auch wenn Art. 20a GG den Klimaschutz als Schutzgut nicht ausdrücklich festschreibt, ist er als solches einheitlich anerkannt.[213] Nach dem „Klimabeschluss" des BVerfG vom 24. März 2021 folgt aus Art. 20a GG für die Bundesrepublik eine Pflicht zur Reduktion von Treibhausgasemissionen bis hin zur Klimaneutralität.[214] Das Gericht betont dabei, der Übergang zur

---

transform the economy with the aim of climate neutrality." Hierzu Grabitz/Hilf/Nettesheim/*Thiel*, 78. EL Januar 2023, AEUV Art. 338 Rn. 52; *Stäsche*, EnWZ 2021, 151 (159).

[208] Bergmann/*Pieper*, Handlexikon der Europäischen Union, 6. Aufl. 2022, Green Deal.

[209] Verordnung (EU) 2021/1119.

[210] Näher *Schlacke*, NVwZ 2022, 905 (907).

[211] Art. 4 Abs. 1 UA 2 VO (EU) 2021/1119.

[212] Rodi/*Fouquet*, Handbuch Klimaschutzrecht, 2022, § 4 Rn. 84.

[213] Dürig/Herzog/Scholz/*Calliess*, GG, 100. EL 2023, Art. 20a Rn. 40.

[214] BVerfG, NJW 2021, 1723, Leitsatz 2: „Art. 20a GG verpflichtet den Staat zum Klimaschutz. Dies zielt auch auf die Herstellung von Klimaneutralität.", ferner exemplarisch Rn. 198 und 243.

Klimaneutralität müsse rechtzeitig eingeleitet werden, um künftige Freiheit zu schützen.[215] Es solle alsbald nach 2030 Klimaneutralität realisiert werden.[216] Die Grundrechte hätten eine intertemporal freiheitssichernde Funktion: Der Gesetzgeber sei aus den Grundrechten verpflichtet, den Weg zur Klimaneutralität so zu gestalten, dass Eingriffe in die Freiheitsrechte trotz steigender Klimaschutzanforderungen zumutbar ausfallen.[217] Das Ziel der Klimaneutralität ist mithin nicht nur völker- und unionsrechtlich vorgegeben, sondern auch verfassungsrechtlich verankert.

b) Bundesklimaschutzgesetz (KSG) (2019)

Gemäß § 1 S. 1 KSG ist Zweck des deutschen Klimaschutzgesetzes, die europäischen Verpflichtungen zu erfüllen, darunter fällt auch das in Art. 2 Abs. 1 EU-Klimagesetz normierte Ziel der Klimaneutralität.[218] Die wesentlichen Strukturmerkmale des KSG sind (1.) die Verankerung der nationalen Klimaschutzziele im Gesetzesrang (Art. 3 Abs. 1 und 2 KSG), (2.) die sektoralen Emissionsbudgets sowie (3.) die Verknüpfung des deutschen Klimaschutzrechts mit dem internationalen und europäischen Klimaschutzrecht.[219] Es soll parallel zum EU-Klimagesetz sicherstellen, dass Deutschland seine Verpflichtung aus dem Pariser Abkommen erfüllt.[220]

Für die Bundesrepublik statuiert § 3 Abs. 2 S. 1 KSG das Ziel der *Treibhausgasneutralität* bis 2045. *Inhaltlich* wird die Treibhausgasneutralität im KSG synonym verstanden zum Begriff der Klimaneutralität.[221] Das KSG ist aber *zeitlich* ambitionierter als das EU-Klimagesetz, das die Klimaneutralität lediglich bis 2050 vorschreibt.[222] Auf dem Weg zur Treibhausgasneutralität sollen gem. Art. 3 Abs. 1 KSG bis 2030 65 % Treibhausgasemissionen reduziert werden (Referenzjahr 1990), bis 2040 88 %. Ursprünglich war im KSG lediglich eine Minderungsquote von 55 % bis zum Jahr 2030 vorgesehen, jedoch keine für das Jahr 2040. Zudem fehlte das Langzeitziel, bis 2045 Netto-Treibhausgasneutralität zu erreichen. Diese

---

[215] BVerfG, NJW 2021, 1723, Leitsatz 4 und Rn. 248.

[216] BVerfG, NJW 2021, 1723, Leitsatz 4, Rn. 234.

[217] BVerfG, NJW 2021, 1723, Rn. 192.

[218] Fellenberg/Guckelberger/*Peters*, Klimaschutzrecht, 2022, § 1 KSG, Rn. 19.

[219] Rodi/*Saurer*, Handbuch Klimaschutzrecht, 2022, § 10 Rn. 1.

[220] BR-Drs. 411/21, 7: „Ferner wird parallel zur Einhaltung der Europäischen Klimaschutzverordnung auch sichergestellt, dass die Verpflichtungen der Bundesrepublik Deutschland aus dem Übereinkommen von Paris erfüllt werden."

[221] Treibhausgasneutralität wird in naturwissenschaftlichen Fachkreisen zwar leicht abweichend zu Klimaneutralität verwandt, wird als *Rechtsbegriff* im KSG jedoch synonym verstanden, *infra* III.

[222] Inhaltlich unterscheiden sich „Klimaneutralität" im EU-Klimagesetz und „Treibausgasneutralität" im KSG nicht, *infra* III.

Defizite verstießen indes gegen das Grundgesetz.[223] Das KSG wurde daher am 18. August 2021 erweitert.[224]

Ähnlich wie die EU-GovernanceVO, die EU-LastenteilungsVO und das EU-Klimagesetz stellt auch das KSG ein Rahmengesetz dar, trifft daher im Wesentlichen selbst keine Entscheidungen zu konkreten Maßnahmen zur Eindämmung des Klimawandels. Es schafft lediglich einen systematischen Umsetzungsrahmen, indem es Klimaschutzziele, ein Planungsinstrumentarium (durch Klimaschutzpläne und -programme, §§ 8, 9, 11, 12 KSG) und ein Berichtswesen implementiert.[225] Dennoch wird das KSG als Meilenstein und Paradigmenwechsel beschrieben, da es den (über das Pariser Abkommen und das EU-Klimagesetz hinausgehenden) nationalen Klimaschutzzielen Verbindlichkeit verleiht.[226]

II. Klimaneutralität als Zielvorgabe für Unternehmen

Während das geltende deutsche Gesellschaftsrecht Unternehmen und ihre Leitungsorgane bislang nur und eher verhalten zum Klimaschutz incentiviert,[227] möchte der europäische Gesetzgeber Großunternehmen auf das Ziel der Klimaneutralität verpflichten.

1. Corporate Sustainability Reporting-Directive (CSRD)

In einem ersten Schritt sollen große Unternehmen[228] und kapitalmarktorientierte kleine[229] und mittlere[230] Unternehmen nach der

---

[223] BVerfG, NJW 2021, 1723 ff.: „Die Schonung künftiger Freiheit verlangt auch, den Übergang zu Klimaneutralität rechtzeitig einzuleiten." (…) „§ 3 Abs. 1 S. 2 und § 4 Abs. 1 S. 3 KSG (…) in Verbindung mit Anlage 2 sind mit den Grundrechten unvereinbar, soweit eine den verfassungsrechtlichen Anforderungen nach Maßgabe der Gründe genügende Regelung über die Fortschreibung der Minderungsziele für Zeiträume ab dem Jahr 2031 fehlt."

[224] Vgl. BR-Drs. 411/12, 8 und BGBl. I 3905 (Nr. 59).

[225] *Wickel,* ZUR 2021, 332 (332, 333).

[226] *Schlacke,* EurUP 2020, 338; *Wickel,* ZUR 2021, 332 (333).

[227] *Supra* B.

[228] Nach Art. 3 Abs. 4 Richtlinie 2013/34/EU sind große Unternehmen solche, die am Bilanzstichtag mindestens zwei der drei folgenden Größenmerkmale überschreiten: a) Bilanzsumme: 20 Mio. EUR; b) Nettoumsatzerlöse: 40 Mio. EUR; c) durchschnittliche Zahl der während des Geschäftsjahres Beschäftigten: 250.

[229] Nach Art. 3 Abs. 2 Richtlinie 2013/34/EU sind kleine Unternehmen solche, die am Bilanzstichtag die Grenzen von mindestens zwei der drei folgenden Größenmerkmale nicht überschreiten: a) Bilanzsumme: 4 Mio. EUR; b) Nettoumsatzerlöse: 8 Mio. EUR; c) durchschnittliche Zahl der während des Geschäftsjahres Beschäftigten: 50.

[230] Nach Art. 3 Abs. 3 Richtlinie 2013/34/EU sind mittlere Unternehmen solche, bei denen es sich nicht um Kleinstunternehmen oder kleine Unternehmen handelt und die am Bilanzstichtag die Grenzen von mindestens zwei der drei folgenden Größen-

CSRD in ihrem Lagebericht darüber berichten, wie sie sicherstellen, dass ihr Geschäftsmodell und ihre Strategie (1) mit dem Übergang zu einer nachhaltigen Wirtschaft, (2) mit dem 1,5 Grad Ziel des Pariser Abkommens und (3) mit dem im EU-Klimagesetz verankerten Ziel der Verwirklichung der Klimaneutralität bis 2050 vereinbar sind. Dazu wird nach Art. 1 Ziff. 4 CSRD die Bilanz-Richtlinie[231] vom 26. Juni 2013 (Bilanz-RL) um einen Art. 19a Abs. 2 lit. a Ziff. iii Bilanz-RL neue Fassung[232] (Bilanz-RL nF) ergänzt. Parallel dazu zielt im Bereich der Unternehmensfinanzierung die Taxonomie-VO auf den Übergang zu einer klimaneutralen Wirtschaft in der EU mittels entsprechender Klimaeinstufungs- und -informationspflichten ab.[233]

Die nach der CSRD verpflichteten Unternehmen sollen diese nachhaltigkeitsbezogenen Informationen mithilfe von Standards – den *European Sustainability Reporting Standards* (ESRS) – offenlegen, die die Europäische Kommission als delegierte Rechtsakte zur CSRD erlässt.[234] Maßgeblich vorbereitet wurden die ESRS durch die Europäische Beratungsgruppe für Rechnungslegung (*European Financial Reporting Advisory Group* – EFRAG).[235] Ein erstes Regelwerk bestehend aus zwei übergreifenden und zehn themenspezifischen Sets[236] sowie einem Glossar[237] wurde am 31. Juli 2023 von der Europäischen Kommission angenommen.[238]

In Bezug auf die Auswirkungen des unternehmerischen Handels auf das Klima werden sich Unternehmen künftig nach den *ESRS E1*

---

merkmale nicht überschreiten: a) Bilanzsumme: 20 Mio. EUR; b) Nettoumsatzerlöse: 40 Mio. EUR; c) durchschnittliche Zahl der während des Geschäftsjahres Beschäftigten: 250.

[231] Richtlinie 2013/34/EU des Europäischen Parlaments und des Rates vom 26.6. 2013 über den Jahresabschluss, den konsolidierten Abschluss und damit verbundene Berichte von Unternehmen bestimmter Rechtsformen und zur Änderung der Richtlinie 2006/43/EG des Europäischen Parlaments und des Rates und zur Aufhebung der Richtlinien 78/660/EWG und 83/349/EWG des Rates (Bilanz-RL).

[232] Bilanz-RL nF steht für die Bilanz-RL in der durch die CSRD abgeänderten Fassung.

[233] Vgl. ErwG 3, 4, 41 und Art. 10 Taxonomie-VO.

[234] Art. 290 Abs. 1 AEUV iVm Art. 49 Abs. 2, 29b Bilanz-RL nF; ausführlich zur Arbeit der EFRAG *Feldmann,* Standardisierung der europäischen Nachhaltigkeitsberichterstattung, 2024 (im Erscheinen).

[235] ErwG 39 CSRD; die Berücksichtigung der fachlichen Stellungnahmen der EFRAG sind an die Voraussetzungen des Art. 49 Abs. 3b Bilanz-RL nF gekoppelt, wonach die Stellungnahmen etwa mit öffentlicher Aufsicht und Transparenz (lit. a) sowie unter Beifügung einer Kosten-Nutzen-Analyse (lit. b) zu erstellen sind.

[236] Delegierte Verordnung 2023/2772/EU zur Ergänzung der Richtlinie 2013/34/EU in Bezug auf Standards für die Nachhaltigkeitsberichterstattung vom 31.7.2023, C(2023) 5303 final, mit Annex 1, abrufbar unter https://ec.europa.eu/finance/docs/level-2-measures/csrd-delegated-act-2023–5303-annex-1_en.pdf.

[237] Delegierte Verordnung 2023/2772/EU, C(2023) 5303 final, mit Annex 2.

[238] Delegierte Verordnung 2023/2772/EU, C(2023) 5303 final, dazu *Schmidt,* BB 2023, 1859 (1860).

Climate Change richten müssen.[239] Da die Berichtspflichten allein durch Verwendung dieser Standards erfüllt werden können,[240] ist ihnen eine herausragende Bedeutung beizumessen.[241]

2. Corporate Sustainability Due Diligence-Directive (CSDDD)

Ergänzend zu den *Berichtspflichten* der CSRD möchte die CSDDD *Verhaltenspflichten* für Unternehmen und ihre Geschäftsleitung statuieren. Art. 15 Abs. 1 CSDDD in der Fassung des Kommissionsentwurfs vom 23. Februar 2022 sieht vor[242], dass Unternehmen ab einer bestimmten Größe[243] einen *Übergangsplan festlegen,* mit dem sie sicherstellen, dass ihr Geschäftsmodell und ihre Strategie (1.) mit dem Übergang zu einer nachhaltigen Wirtschaft und (2.) mit dem 1,5 Grad Ziel des Pariser Abkommens vereinbar sind. Ferner soll der Plan nach Art. 15 Abs. 2 CSDDD-Entwurf konkrete *Emissionsreduktionsziele* enthalten, sofern der Klimawandel ein Hauptrisiko für die Unternehmenstätigkeit darstellt. Nach Art. 15 Abs. 3 CSDDD-Entwurf soll die variable Vergütung der Unternehmensleitung an die Erfüllung dieser Verpflichtungen geknüpft werden.

Die EU-Parlamentsfassung vom 1. Juni 2023[244] erweitert den Pflichtenkatalog und verlangt in Art. 15 Abs. 1 Satz 1 CSDDD die Vereinbarkeit des Übergangsplans nicht nur (1.) mit dem Übergang zur nachhaltigen Wirtschaft und (2.) dem 1,5 Grad Ziel des Pariser Abkommens, sondern – im Einklang mit Art. 19a Abs. 2 lit. a Ziff. iii Bilanz-RL nF – (3.) mit dem in Art. 2 EU-Klimagesetz verankerten Ziel der Klimaneutralität bis 2050. Anders als in der Kommissionsfassung soll der Plan ausweislich der Parlamentsfassung nicht nur erstellt, sondern auch umgesetzt werden. Darüber hinaus macht der

---

[239] Delegierte Verordnung 2023/2772/EU, C(2023) 5303 final, mit Annex 1: Die ESRS E1 „Climate Change“ finden sich auf S. 66–104.

[240] Art. 29b Abs. 1 Satz 2 Bilanz-RL nF; ErwG 37 CSRD.

[241] *Hommehoff/Allgeier/Jelonek*, NZG 2023, 911 (916).

[242] Vorschlag für eine Richtlinie über die Sorgfaltspflichten von Unternehmen im Hinblick auf Nachhaltigkeit und zur Änderung RL 2019/1937/EU vom 23.2.2022, COM COM(2022) 71 final.

[243] Nach dem Kommissionsentwurf sind in der EU ansässige Unternehmen mit im Durchschnitt mehr als 500 Beschäftigten und einem weltweiten Nettoumsatz von mehr als 150 Mio. EUR (Art. 2 Abs. 1 lit. a CSDDD-Entwurf) sowie nicht in der EU ansässige Unternehmen mit im einem unionsweiten Nettoumsatz von mehr als 150 Mio. EUR (Art. 2 Abs. 2 lit. a CSDDD-Entwurf) nach Art. 15 CSDDD-Entwurf verpflichtet.

[244] Abänderungen des Europäischen Parlaments vom 1.6.2023 zu dem Vorschlag für eine Richtlinie über die Sorgfaltspflichten von Unternehmen im Hinblick auf Nachhaltigkeit und zur Änderung der Richtlinie (EU) 2019/1937 (COM(2022)0071 – C9-0050/2022 – 2022/0051(COD)), abrufbar unter https://www.europarl.europa.eu/doceo/document/TA-9–2023-0209_DE.html.

Parlamentsentwurf in Art. 15 Abs. 1 Satz 2 lit. a–f CSDDD-Entwurf konkrete Vorgaben zum Inhalt des Plans.

Insgesamt ist festzuhalten, dass die CSRD und die CSDDD beide davon ausgehen, dass sich auch Unternehmen an dem Ziel der Klimaneutralität 2050 auszurichten haben.

III. Definition von Klimaneutralität

Die CSRD und der CSDDD-Entwurf transponieren zwar das Klimaneutralitätsziel auf Unternehmensebene, ohne jedoch klar zu definieren, was mit Klimaneutralität im Rechtssinne gemeint ist.[245] Aus dem Pariser Abkommen, dem EU-Klimagesetz und dem KSG kann die Definition nicht unmittelbar auf subglobal agierende Unternehmen übertragen werden, da sich der öffentlich-rechtliche Regulierungsrahmen auf Staaten (Art. 3 ff. Pariser Abkommen, § 3 KSG) oder Staatenverbünde (Art. 2 EU-Klimagesetz) bezieht. Dem Bundesgesetzgeber ist bewusst, dass „derzeit […] noch keine gesetzliche Definition für klimaneutrale Unternehmen“ existiert,[246] und ermächtigt im Rahmen von § 18 EnEfG daher die Bundesregierung, Anforderungen, Voraussetzungen für die Anerkennung und Nachweispflichten von „klimaneutralen Unternehmen“ per Rechtsverordnung zu regeln.[247] Dabei besteht eine Schwierigkeit darin, dass die verschiedenen Regelungsgeber verschiedene Termini verwenden; diese liegen inhaltlich nah beieinander, sodass sich die Frage stellt, ob sie (teilweise) synonym verwandt werden können:

– „Klimaneutralität“[248],
– „Netto-Treibhausgasneutralität“[249] und

[245] Vgl. *Deutsche Energie-Agentur,* Analyse. Klimaneutralität von Unternehmen. Bestehende Standards, Initiativen und Label sowie Einordnung der Rolle von Treibhausgas-Kompensation, September 2022, S. 6, abrufbar unter https://www.dena.de/fileadmin/dena/Publikationen/PDFs/2022/ANALYSE_Klimaneutralitaet_von_Unternehmen.pdf; *Salzmann,* ESGZ 2023, 9 (12); *Steuer,* GRUR 2022, 1408 (1408).

[246] BT-Drs. 20/6872 v. 17.5.2023, 66.

[247] Das EnEfG möchte die unternehmerische Energieeffizienz durch die Einrichtung von Energie- oder Umweltmanagementsystemen sowie die Erstellung und Veröffentlichung von Umsetzungsplänen von Endenergieeinsparmaßnahmen (§§ 8–10 EnEfG) steigern. Zusätzlich muss Abwärme vermieden werden (§§ 16, 17 EnEfG). Nach § 18 EnEfG sollen „klimaneutrale Unternehmen“ durch Rechtsverordnung von §§ 11–13, §§ 15–17 EnEfG ausgenommen bzw. befreit werden.

[248] Art 2 EU-Klimagesetz trägt die amtliche Überschrift „Ziel der Klimaneutralität“. § 15 KSG trägt die amtliche Überschrift „Klimaneutrale Bundesverwaltung“. § 18 EnEfG spricht von „klimaneutralen Unternehmen“.

[249] § 2 Nr. 9 KSG definiert die Netto-Treibhausgasneutralität als „das Gleichgewicht zwischen den anthropogenen Emissionen von Treibhausgasen aus Quellen und dem Abbau solcher Gase durch Senken“, die nach § 3 Abs. 2 KSG bis 2045 erreicht werden soll.

– „netto-null“ *(net zero)*[250].

Die momentane begriffliche Unschärfe manifestiert sich etwa in lauterkeitsrechtlichen Verfahren gegen Unternehmen, die mit ihrer eigenen „Klimaneutralität“ oder der ihrer Produkte werben.[251] Konkurrenten halten das mitunter für irreführend, insbesondere wenn offenbleibt, auf welchen Produktionsschritt sich eine (vermeintliche) Klimaneutralität bezieht und ob sie mithilfe von Kompensation erreicht wurde. Insofern kann das Klimaneutralitäts-Werbeversprechen eine unlautere Handlung im Sinne von § 5 Abs. 2 Nr. 1 UWG oder § 5a Abs. 1, 2 Nr. 1 UWG darstellen.[252] Um die begrifflichen Unschärfen zumindest für dieses Gutachten zu beseitigen, sollen daher im Folgenden Gegenstand **(unter 1.)**, Rechtsbegriff **(unter 2.)** und Reichweite der Klimaneutralität **(unter 3.)** sowie der Weg dorthin **(unter 4.)** definiert werden. Schließlich soll der Begriff der Klimaneutralität gegenüber dem Netto-Null-Konzept abgegrenzt werden **(unter 5.)**.

1. Gegenstand der Klimaneutralität

In der Umweltphysik ist unstreitig, dass neben Treibhausgasen auch andere – zum Teil menschengemachte – Umweltfaktoren wie Aerosole, Landnutzung oder kosmische Strahlung das Klima beeinflussen.[253] Im Vergleich zur Treibhausgasemission ist der Einfluss dieser Faktoren auf das Klima insgesamt jedoch gering und lässt sich oftmals nur schwer bestimmen.[254] Fraglich ist dennoch, ob sich der *normative* Begriff der Klimaneutralität auch auf diese anderen physikalischen Faktoren erstreckt, was zur Folge hätte, dass die Berechnung der Klimaneutralität sehr komplex würde. Dies ist jedoch nicht der Fall. Der *Rechtsbegriff* der Klimaneutralität wird vom Unions- und Bundesgesetzgeber typisierend verwandt und komplexitätsre-

---

[250] Nach § 2 Abs. 1 EU-Klimagesetz müssen Treibhausgase „in der Union bis spätestens 2050 ausgeglichen sein, sodass die Emissionen bis zu diesem Zeitpunkt auf netto null reduziert sind“.

[251] Vgl. Übersicht der laufenden Verfahren der *Deutschen Umwelthilfe* zu Klimaneutralitäts-Werbeversprechen, abrufbar unter https://www.duh.de/fileadmin/user_upload/download/Projektinformation/Verbraucher/Klimaneu-tralität/2023-07_25_Übersicht_DUH_laufende_Verfahren_Klimaneutralität.pdf.

[252] OLG Frankfurt am Main, Urt. v. 10.11.2022 – 6 U 104/22; LG Stuttgart, Urt. v. 30.12.2022 – 53 O 169/22; OLG Düsseldorf, Urt. v. 6.7.2023 – I-20 U 72/22; dazu *Jung/Ludwig,* IPRB 2023, 146; *Lamy/Ludwig,* KlimR 2022, 142; *Ruttloff/Wehlau/Wagner/Skoupil,* CCZ 2023, 201; *Thomalla,* VuR 2022, 458.

[253] *IPCC,* Climate Change 2021. The Physical Science Basis. Working Group I Contribution to the Sixth Assessment Report of the Intergovernmental Panel on Climate Change, 2021, S. 944 ff., abrufbar unter https://report.ipcc.ch/ar6/wg1/IPCC_AR6_WGI_FullReport.pdf; *Steuer,* GRUR 2022, 1408 (1409).

[254] *IPCC,* aaO, S. 960.

duzierend auf die Treibhausgasneutralität verengt. Die bei weitem klimaschädlichste Wirkung entfalten in der Tat Treibhausgase, dazu zählen neben Kohlenstoffdioxid (CO_2) noch sechs weitere – im Kyoto-Protokoll (1997)[255] festgelegte – Treibhausgase,[256] die zur Berechnung der Treibhausgas- bzw. Klimaneutralität allerdings in CO_2-Äquivalente umgerechnet werden.[257] Das *IPCC* macht daher die umgehende und zügige Reduktion der Treibhausgasemission, insbesondere der CO_2-Emissionen als Königsweg zur Eindämmung des künftigen Klimawandels aus.[258] Auch das Pariser Abkommen bezieht sich als „Reaktion auf die Bedrohung durch Klimaänderungen“ (Art. 2 Abs. 1 Pariser Abkommen) auf die Reduktion von Treibhausgasen.

2. Rechtsbegriff der Klimaneutralität

Das *IPCC* hält „Klimaneutralität“ *naturwissenschaftlich* für zu unpräzise[259] und nutzt in seinen Berichten stattdessen die Begriffe *Greenhouse Gas (GHG) Neutrality, Carbon Neutrality, Net Zero CO_2-Emissions* sowie *Net Zero GHG-Emissions,* was für den allgemeinen Rechtsverkehr indes unübersichtlich und nicht hinreichend eingängig ist. Im *Recht* hat sich daher – wie *supra* unter F.I. und II.

---

[255] Das Protokoll von Kyoto zum Rahmenübereinkommen der Vereinten Nationen über Klimaänderungen vom 11.12.1997, UN Treaty Collection Vol. II Kap. 27, 7a (Kyoto-Protokoll). Das Kyoto-Protokoll trat am 16.2.2005 in Kraft.

[256] In Anlage A des Kyoto-Protokolls wurden die sechs zu berücksichtigenden Treibhausgase Kohlenstoffdioxid (CO_2), Methan (CH_4), Distickstoffoxid (Lachgas) (N_2O), Teilhalogenierte Fluorkohlenwasserstoffe (HFKW), Perfluorierte Kohlenwasserstoffe (PFKW), Schwefelhexafluorid (SF6) festgelegt. Seit 2015 wird Stickstofftrifluorid (NF_3) zusätzlich einbezogen, *Umweltbundesamt,* Die Treibhausgase, Artikel v. 14.11.2022, abrufbar unter https://www.umweltbundesamt.de/themen/klima-energie/klimaschutz-energiepolitik-in-deutschland/treibhausgas-emissionen/die-treib hausgase; vgl. § 2 Nr. 1 KSG und Anhang V Teil 2 der VO (EU) 2018/1999 v. 11.12. 2018 (Governance-VO).

[257] So zumindest die Berechnungen des IPCC, des Sachverständigenrats für Umweltfragen, des Expertenrats für Klimafragen der Bundesregierung, auf die *supra* in Abschnitt B. verwiesen wird; vgl. ferner die UN-Emissions Gap Reports, abrufbar unter https://wedocs.unep.org/bitstream/handle/20.500.11822/43922/EGR2023.pdf?sequen-ce=3&isAllowed=y.

[258] “From a physical science perspective, limiting human-induced global warming to a specific level requires *limiting cumulative CO_2 emissions,* reaching at least net zero CO_2 emissions, along with strong reductions in other greenhouse gas emissions.“, *IPCC,* Climate Change 2021. The Physical Science Basis. Working Group I Contribution to the Sixth Assessment Report of the Intergovernmental Panel on Climate Change, 2021, S. 27ff., abrufbar unter https://report.ipcc.ch/ar6/wg1/IPCC_AR6_WGI_FullReport.pdf.

[259] *IPCC,* Climate Change 2022. Mitigation of Climate Change. Working Group III Contribution to the Sixth Assessment Report of the Intergovernmental Panel on Climate Change, 2022, Cross-Chapter Box 3, S. 329, abrufbar unter https://www.ipcc.ch/report/ar6/wg3/downloads/report/IPCC_AR6_WGIII_FullReport.pdf.

skizziert – die „Klimaneutralität“ als Leitbegriff herauskristallisiert, in der Praxis ebenfalls: Im Berichtsjahr 2021 setzten sich bereits 30 der DAX 40-Unternehmen ein Klimaneutralitätsziel für die nächsten Dekaden.[260]

a) EU-Klimaschutzgesetz: Klimaneutralität = Treibhausgasneutralität

Das EU-Klimagesetz statuiert in seinem Art. 2 Abs. 2 das Ziel der Klimaneutralität und setzt diese mit dem Ausgleich der Treibhausgasemissionen bis spätestens 2050 gleich.[261] Diese übereinstimmende Auslegung von Klima- und Treibhausgasneutralität setzt sich auch in den Klimazwischenzielen der Union in Art. 4 EU-Klimagesetz fort, die sich einzig auf bestimmte Treibhausgassenkungsbemühungen beziehen.[262]

b) Bundes-Klimaschutzgesetz: Klimaneutralität = Treibhausgasneutralität

Das KSG verwendet sowohl den Begriff der Netto-Treibhausgasneutralität in § 3 Abs. 2, § 2 Nr. 9 KSG als Zielvorgabe für Deutschland bis zum Jahr 2045 als auch denjenigen der Klimaneutralität in § 15 Abs. 1 Satz 1 als Zielvorgabe für die Bundesverwaltung bis zum Jahr 2030.[263] Den unterschiedlichen Wortlaut in den beiden Normen könnte man zum Anlass nehmen, Klimaneutralität im Sinne des KSG auf alle menschengemachten, klimaschädlichen Faktoren zu beziehen,[264] Treibhausgasneutralität hingegen nur auf Treibhausgase.[265] Eine solche divergierende Auslegung von Klima- und Treibhausgasneutralität ist dem Willen des Gesetzgebers jedoch nicht zu

---

[260] *Union Investment,* Wind of Change. Dekarbonisierung bei DAX 40-Unternehmen, Februar 2022, abrufbar unter https://institutional.union-investment.de/startseite-de/themen-und-analysen/studie-dekarbonisierung-dax-41.html.

[261] Art. 2 EU-Klimagesetz: „(1) Die unionsweiten im Unionsrecht geregelten Treibhausgasemissionen und deren Abbau müssen in der Union bis spätestens 2050 ausgeglichen sein, sodass die Emissionen bis zu diesem Zeitpunkt auf netto null reduziert sind, und die Union strebt danach negative Emissionen an.“

[262] Art. 4 EU-Klimagesetz: „(1) Um das in Artikel 2 Absatz 1 vorgegebene Ziel der Klimaneutralität zu erreichen, gilt als verbindliche Klimazielvorgabe der Union bis 2030 die Senkung der Nettotreibhausgasemissionen (Emissionen nach Abzug des Abbaus) innerhalb der Union um mindestens 55 % gegenüber dem Stand von 1990.“

[263] Nach § 15 Abs. 1 KSG setzt sich der Bund „zum Ziel, die Bundesverwaltung bis zum Jahr 2030 klimaneutral zu organisieren.“ Nach Abs. 2 soll „die Klimaneutralität der Bundesverwaltung [...] insbesondere durch die Einsparung von Energie, durch die effiziente Bereitstellung, Umwandlung, Nutzung und Speicherung von Energie sowie durch die effiziente Nutzung erneuerbarer Energien und die Wahl möglichst klimaschonender Verkehrsmittel erreicht werden.“

[264] Siehe *supra* F.III.1.

[265] So Fellenberg/*Fellenberg*, Klimaschutzrecht, 1. Aufl. 2022, KSG § 15 Rn. 8.

entnehmen[266], vielmehr geht er selbst in seinem Klimaschutzprogramm aus dem Jahr 2019 vom Gleichlauf der Klima- und Treibhausgasneutralität aus und nutzt die beiden Begriffe synonym.[267]

c) EU-Gesellschaftsrecht: Klimaneutralität = Treibhausgasneutralität

Aufgrund der direkten Bezugnahme der CSRD und der CSDDD auf das Klimaneutralitätsziel des EU-Klimagesetzes spricht viel dafür, dass der Begriff „Klimaneutralität“ in diesen Regelwerken übereinstimmend auszulegen ist. Dem entspricht, dass der zugehörige Klimaberichtsstandard *ESRS E1 Climate Change* eine Reihe von Angaben zur Treibhausgasemission verlangt.[268] Entsprechendes gilt für den Übergangsplan nach Art. 15 Abs. 1 lit. f CSDDD-Entwurf, wonach dieser Angaben über die Treibhausgasemissionen des Unternehmens enthalten soll; andere klimaschädliche Faktoren werden hier nicht genannt.

Insgesamt ist festzuhalten, dass Unions- und Bundesgesetzgeber den Rechtsbegriff der Klimaneutralität mit demjenigen der Treibhausgasneutralität gleichsetzen. Von dieser Synonymität geht auch das vorliegende Gutachten aus.

3. Zurechenbarkeit von Emissionen mit Bezug auf Gesellschaften

Im Folgenden soll skizziert werden, welche Emissionen einer Gesellschaft zugerechnet werden können. Ausweislich des *Greenhouse Gas Protocols*[269], einem international anerkannten, allerdings nicht staatlich organisierten Klimaberichtsstandard, lassen sich Treibhausgase in verschiedene *Scopes* einteilen, die ihrerseits für verschiedene Emissionsquellen stehen.[270] Zwar hält der europäische Gesetzgeber

---

[266] BT-Drs. 19/13900, 108: „Die Bundesverwaltung nimmt ihre Vorbildfunktion ernst und wird weitere Aktivitäten hin zu einer *treibhausgasneutralen* Bundesverwaltung bis 2030 umsetzen. […] Herausforderung ist es, die *Treibhausgas-Emissionen* im Bereich der Bundesverwaltung schnell und deutlich zu senken. Ziel ist es, bis 2030 eine *klimaneutrale* Bundesverwaltung zu erreichen.“ (Hervorhebung durch *Verf.*).

[267] Ebenso Frenz/*Schink*, Klimaschutzrecht, 2. Aufl. 2022, § 15 KSG Rn. 11.

[268] Disclosure Requirement E1-1 Ziff 14ff., AR 1.ff. ESRS E1 „Climate Change“, Delegierte Verordnung 2023/2772/EU zur Ergänzung der Richtlinie 2013/34/EU in Bezug auf Standards für die Nachhaltigkeitsberichterstattung vom 31.7.2023, C(2023) 5303 final, mit Annex 1, abrufbar unter https://ec.europa.eu/finance/docs/level-2-measures/csrd-delegated-act-2023–5303-annex-1_en.pdf.

[269] *World Business Council for Sustainable Development/Wolrd Resources Institute*, The Greenhouse Gas Protocol. A Corporate Accountig and Reporting Standard, 2004, S. 25ff.; abrufbar unter www.ghgprotocol.org/sites/default/files/standards/ghg-protocol-revised.pdf.

[270] Zum „de-facto-Standard für das Treibhausgasaccounting“ *Steuer*, ZIP 2023, 13 (15); *Gailhofer/Verheyen*, ZUR 2021, 402 (405).

das *Greenhouse Gas Protocol* als rechtsverbindliche Quelle für unzureichend,[271] allerdings verleiht er ihm insofern rechtliche Relevanz, als er sich in seinem als delegierter Rechtsakt erlassenen Standard *ESRS E1 Climate Change* ebenfalls auf die Einteilung in *Scopes* durch das *Greenhouse Gas Protocol* bezieht und in der Sache weitgehend übernimmt.[272] Eine Bezugnahme auf die *Scopes* findet sich auch in Art. 15 Abs. 1 lit. f CSDDD-Entwurf.

a) Greenhouse Gas Protocol: *Scope 1-, 2-* und *3*-Emissionen

Nach dem *Greenhouse Gas Protocol* und dem *ESRS E1 Climate Change* werden drei *Scopes* unterschieden[273]:

- *Scope 1* beschreibt direkte Emissionen aus Quellen, die sich im Besitz der Gesellschaft befinden oder auf die die Gesellschaft beherrschenden Einfluss ausüben kann.
- *Scope 2* beschreibt indirekte Emissionen aus der Erzeugung von gekauftem oder sonst erworbenem Strom, Gas, Wärme oder Kälte.
- *Scope 3*-Emissionen umfassen nach dem Ausschlussprinzip alle indirekten Emissionen, die nicht bereits unter *Scope 2* fallen und die in der Wertschöpfungskette der Gesellschaft (*upstream* oder *downstream*) entstehen.

b) Scope 1-Emissionen einer Gesellschaft

Der europäische Rechnungslegungsstandard *ESRS E1 Climate Change* bestimmt, dass sich *Scope 1*-Emissionen einer Gesellschaft zusammensetzen:

- aus ihren *eigenen* Treibhausgasemissionen
  sowie aus den Treibhausgasemissionen
- der konsolidierten Tochtergesellschaften,
- der Joint Ventures und der nichtkonsolidierten Tochtergesellschaften, über die die Gesellschaft operative Kontrolle ausübt.[274] Operative Kontrolle soll wiederum vorliegen, wenn die Gesellschaft

---

[271] ErwG 38 CSRD: "Kein bestehender Standard und kein bestehendes Rahmenwerk entspricht den Bedürfnissen der Union im Hinblick auf eine Nachhaltigkeitsberichterstattung."

[272] Disclosure Requirement E1-6 – Gross Scopes 1, 2, 3 and Total GHG Emissions und direkte Bezugnahme auf das *Greenhouse Gas Protocol* in AR 39, ESRS E1 „Climate Change", Delegierte Verordnung 2023/2772/EU zur Ergänzung der Richtlinie 2013/34/EU in Bezug auf Standards für die Nachhaltigkeitsberichterstattung vom 31.7.2023, C(2023) 5303 final, mit Annex 1.

[273] Delegierte Verordnung 2023/2772/EU zur Ergänzung der Richtlinie 2013/34/EU in Bezug auf Standards für die Nachhaltigkeitsberichterstattung vom 31.7.2023, C(2023) 5303 final, mit Annex 2.

[274] Disclosure Requirement E1-6 Ziff. 5, Delegierte Verordnung 2023/2772/EU zur Ergänzung der Richtlinie 2013/34/EU in Bezug auf Standards für die Nachhaltigkeitsberichterstattung vom 31.7.2023, C(2023) 5303 final, mit Annex 1.

die Möglichkeit hat, die betrieblichen Aktivitäten und Beziehungen des Joint Ventures oder der nichtkonsolidierten Tochtergesellschaft zu steuern.[275]

c) Klimaneutralität einer Gesellschaft

aa) Scope 1 und 2-Emissionen

Um die Klimaneutralität einer Gesellschaft zu beurteilen, sollten nur die *Scope 1* und *2*-Emissionen herangezogen werden. Dies lässt sich dem *ESRS E1 Climate Change*[276] sowie Art. 15 Abs. 1 lit. f CSDDD-Entwurf entnehmen, die jeweils *Scope 1* und *2*-Emissionen berücksichtigen. Zwar handelt es sich bei letzteren um indirekte Emissionen,[277] sie unterliegen aber der direkten Wahlmöglichkeit der Gesellschaft und können durch energieeffiziente Technologien, Energieeinsparungen oder erneuerbare Energien erheblich reduziert werden.[278]

bb) Ausklammerung von *Scope 3*-Emissionen

Scope 3-Emissionen sollten zur Beurteilung der Klimaneutralität einer Gesellschaft dagegen ausgeklammert werden. Diese machen bei deutschen Unternehmen über alle Sektoren hinweg im Schnitt immerhin 75 Prozent der Treibhausgasemissionen aus.[279] Aufgrund des weiten Begriffs der Wertschöpfungskette gestaltet sich die Einordnung der *Scope 3*-Emissionen jedoch problematisch. Insbesondere werden Treibhausgasemissionen in der Wertschöpfungskette nicht von der Gesellschaft selbst, sondern von anderen juristischen oder natürlichen Personen – Zulieferern oder Endverbrauchern –

---

[275] Delegierte Verordnung 2023/2772/EU zur Ergänzung der Richtlinie 2013/34/EU in Bezug auf Standards für die Nachhaltigkeitsberichterstattung vom 31.7.2023, C(2023) 5303 final, mit Annex 2.

[276] Disclosure Requirement E1-1 Appendix AR. 3 lit a, Delegierte Verordnung 2023/2772/EU zur Ergänzung der Richtlinie 2013/34/EU in Bezug auf Standards für die Nachhaltigkeitsberichterstattung vom 31.7.2023, C(2023) 5303 final, mit Annex 1.

[277] *World Business Council for Sustainable Development/Wolrd Resources Institute,* The Greenhouse Gas Protocol. A Corporate Accountig and Reporting Standard, 2004, S. 25; abrufbar unter www.ghgprotocol.org/sites/default/files/standards/ghg-protocol-revised.pdf.

[278] Vgl. §§ 8, 9 EnEfG, wonach Unternehmen mit hohem Energieverbrauch zur Einrichtung eines Energie- oder Umweltmanagementsystems und zu Energieeinsparungsmaßnahmen verpflichtet sind.

[279] *Carbon Disclosure Project,* Technical Note: Relevance of Scope 3 Categories by Sector, Version 2.0 vom 25.1.2023, S. 6, 49, abrufbar unter https://cdn.cdp.net/cdp-production/cms/guidance_docs/pdfs/000/003/504/original/CDP-technical-note-scope-3-relevance-by-sector.pdf; *Statista,* Anteil der Scope-3-Emissionen an den Gesamtemissionen nach Branche in 2021, 14.4.2023, abrufbar unter https://de.statista.com/statistik/daten/studie/1364908/umfrage/anteil-der-scope-3-emissionen-an-den-ghg-emissionen/#:~:text=Scope%203%20verursacht%20laut%20Berechnungen,75%25%20der%20Gesamtemissionen%20von%20Unternehmen.

als indirekte Emissionen ausgestoßen.[280] Diese agieren in der Regel autonom, ihr Verhalten ist nur bedingt von klimapolitischen Leitentscheidungen der belieferten oder liefernden Gesellschaft abhängig.[281]

Dementsprechend enthält auch der *ESRS E1 Climate Change* in Konkretisierung von Art. 19a Abs. 2 lit. a Ziff. iii Bilanz-RL nF nur in Bezug auf *Scope 1* und *2*-Emissionen *harte* Klimaberichtspflichten für Unternehmen.[282] Ebenso sieht Art. 15 Art. 1 lit. f CSDDD-Entwurf vor, dass *Scope 3*-Emissionen lediglich „gegebenenfalls" im Rahmen des Übergangsplans zu berücksichtigen sind. Auch das LkSG bestätigt diesen Befund, indem es den Schwerpunkt der unternehmerischen Verantwortung nach dem *Tier 1*-Prinzip auf den eigenen Rechtskreis sowie unmittelbare Zulieferer legt.[283] Die Ausklammerung von *Scope 3*-Emissionen zur Feststellung der Klimaneutralität einer Gesellschaft ist insofern systemkohärent.

Die deckt sich mit den Wertungen des Deliktsrechts, insbesondere mit dem Rechtsinstitut der deliktischen Verkehrspflichten nach § 823 Abs. 1 BGB. Von engen Ausnahmen abgesehen, haftet ein Rechtsträger aufgrund des Unmittelbarkeitsprinzips des Deliktsrechts nur für sein eigenes deliktisches Verhalten und nicht für dasjenige von Dritten.[284] Dementsprechend gibt es prinzipiell auch keine rechtsträgerübergreifenden Verkehrspflichten, die eine Gesellschaft verpflichten würden, für regelkonformes oder gar klimaneutrales Verhalten anderer juristischer und natürlicher Personen zu sorgen.[285]

Nicht zuletzt spricht dafür auch der Schutz kleiner und mittlerer Unternehmen (KMU).[286] Würde eine große Gesellschaft zur Klimaneutralität im Sinne ihrer *Scope 3*-Emissionen verpflichtet, wären KMU in der Wertschöpfungskette zumindest mittelbar verpflichtet, (1.) über ihre Treibhausgasemissionen zu berichten und (2.) selbst klimaneutral zu werden, um weiterhin als Zulieferer für die nach der CSRD bzw. CSDDD eigentlich verpflichteten Großunternehmen

---

[280] *Nietsch/Wiedmann,* CCZ 2022, 125 (129); *Schmidt-Ahrendts/Schneider,* NJW 2022, 3475 (3479); *Weller/Hößl/Radke,* in: WiR (Hrsg.), Nachhaltigkeit im Wirtschaftsrecht, Wien 2023, S. 143 (159).

[281] *Gailhofer/Verheyen,* ZUR 2021, 402 (405).

[282] Über *Scope 3*-Emissionen soll nur (1.) nur im Hinblick auf die Kategorie der Emissionen aus der direkten Nutzung von vertrieben Produkten und (2) auch nur berichtet werden, wenn diese Kategorie von der Gesellschaft als wesentlich angesehen wird, Disclosure Requirement E1-1 Appendix AR. 3 lit. b mit Verweis auf Ziff. 51 Delegierte Verordnung 2023/2772/EU zur Ergänzung der Richtlinie 2013/34/EU in Bezug auf Standards für die Nachhaltigkeitsberichterstattung vom 31.7.2023, C(2023) 5303 final, mit Annex 1.

[283] *Nasse,* RAW 2022, 3 (9f.); *Weller/Tran,* EurUP 2021, 342 (355).

[284] *Weller/Tran,* EurUP 2021, 342 (355).

[285] *Weller/Tran,* EurUP 2021, 342 (355); *Walden/Frischholz,* ZIP 2022, 2473 (2480).

[286] ErwG 47 CSDDD-Entwurf.

tätig zu sein.[287] Allein durch die mittelbaren Nachhaltigkeitsberichtspflichten, darunter auch Treibhausgasberichtspflichten, würden KMU Verwaltungskosten aufgebürdet.[288] Um eine solche Belastung von KMU zu vermeiden, ist es rechtspolitisch empfehlenswert, *Scope 3*-Emissionen vom Begriff der Klimaneutralität einer Gesellschaft auszunehmen.

4. Wege zur Klimaneutralität: Reduktion und Kompensation

Das Erreichen von Klimaneutralität einer Gesellschaft ist grundsätzlich über zwei Wege denkbar: zum einen durch Bemühungen, den eigenen Ausstoß von Treibhausgasemissionen zu reduzieren (zB durch Verbesserung von Produktionsprozessen) und zum anderen durch Kompensation in Form von Treibhausgasentnahmen aus der Atmosphäre (zB Finanzierung von Waldaufforstungsprojekten).[289]

a) Vorrang der Reduktion

Dem *IPCC* zufolge bedarf es zur Klimaneutralität ganz erheblicher Treibhausgasreduktionen.[290] Diesen naturwissenschaftlichen Befund haben Art. 4 Pariser Klimaabkomen und Art. 4 Abs. 1 UAbs. 2 EU-Klimagesetz rechtlich aufgegriffen, wonach die Reduktion der Treibhausgasemission zu priorisieren ist. Die alternative Möglichkeit der *Kompensation* ist nur begrenzt zulässig, Art. 4 Abs. 1 UAbs. 3 EU-Klimagesetz.[291] Nur soweit sich keine technologisch und wirtschaftlich durchführbare Reduktionsmöglichkeit anbietet, sollte daher eine Kompensation eröffnet werden.[292] Nach der CSRD müssen Gesellschaften über Treibhausgas*reduktionsziele*

---

[287] Vgl. *Allgeier*, NZG 2023, 195 (198); *Allgeier/Feldmann*, NZG 2023, 491 (492).

[288] *Europäische Kommission*, Commission Staff Working Document: Ompact Assessment SWD (2021) 150 final, Annex 18 S. 6, abrufbar unter https://eur-lex.europa.eu/legal-content/EN/TXT/PDF/?uri=CELEX:52021SC0150; Vgl. zu den Auswirkungen der CSRD auf KMU *Allgeier*, NZG 2023, 195 (198); *Hommelhoff*, DB 2021, 2437 (2441).

[289] OLG Frankfurt am Main, Urt. v. 10.11.2022 – 6 U 104/22; OLG Düsseldorf, Urt. v. 6.7.2023 – I-20 U 72/22; *Steuer*, GRUR 2022, 1408 (1410f.).

[290] *IPCC*, Climate Change 2023. Synthesis Report, 2023, S. 19, abrufbar unter https://www.ipcc.ch/report/ar6/syr/downloads/report/IPCC_AR6_SYR_FullVolume.pdf.

[291] § 4 Abs. 1 UAbs. 3 EU-Klimagesetz: „Um sicherzustellen, dass bis 2030 ausreichende Minderungsmaßnahmen ergriffen werden, wird für die Zwecke dieser Verordnung und unbeschadet der in Absatz 2 genannten Überprüfung der Rechtsvorschriften der Union der Beitrag des Nettoabbaus von Treibhausgasen zum Klimaziel der Union für 2030 auf 225 Mio. Tonnen CO_2-Äquivalent begrenzt."

[292] Vgl. Art. 10 Abs. 2 Taxonomie-VO, der für Wirtschaftstätigkeiten, „für die es keine technologisch und wirtschaftlich durchführbare CO_2-arme Alternative gibt", besondere Voraussetzungen anordnet, um dennoch einen wesentlichen Beitrag zum Klimaschutz zu leisten.

im Rahmen ihres Übergangsplans berichten.[293] Auf nationaler Ebene geht der deutsche Gesetzgeber in der Begründung zum KSG davon aus, dass eine erhebliche Treibhausgasreduktion um etwa 95 Prozent gegenüber dem Basisjahr 1990 nötig sein wird.[294] Dem hiernach in allen Regelwerken zum Ausdruck kommenden klaren Vorrang der Reduktion entspricht, dass Kompensationsprojekte tatsächlich oft nur zweifelhaft zur Treibhausgasentnahme oder -speicherung beitragen (Problem des „Greenwashing“) und damit keinen belastbaren Beitrag zur Klimaneutralität leisten.

b) Zulässigkeit der Kompensation

Allerdings ist auch die Kompensation durchaus eine zulässige Möglichkeit, Klimaneutralität zu erreichen. Sowohl das Pariser Abkommen (Art. 4 Abs. 1), als auch das EU-Klimagesetz (Art. 4 Abs. 1) und das deutsche KSG (§ 2 Nr. 9) erkennen an, dass zur Treibhausgasminderung auch der Abbau von Treibhausgasen durch natürliche Senken beitragen kann und sogar von wesentlicher Bedeutung für den Übergang zur Klimaneutralität ist. [295] Der Begriff der „Senke“ entstammt dem UNFCCC und beschreibt einen Vorgang, eine Tätigkeit oder einen Mechanismus, durch welche(n) Treibhausgase aus der Atmosphäre entfernt werden. [296] Technisch kann dies durch direkte Entnahmen von Treibhausgasen, insbesondere von CO_2, aus der Luft (sog. *direct air carbon capture and storage*) oder etwa durch Herstellung von Bioenergie durch Verwertung von Biomasse mit gleichzeitiger CO_2-Abscheidung und -Speicherung *(bioenergy with carbon capture and storage)* erfolgen.[297]

Den rechtlichen Rahmen für diese Technologien bildet in Deutschland das Kohlendioxid-Speicherungsgesetz (KSpG).[298] Na-

[293] Disclosure Requirement E1-1 Ziff. 16 lit. a Delegierte Verordnung 2023/2772/EU zur Ergänzung der Richtlinie 2013/34/EU in Bezug auf Standards für die Nachhaltigkeitsberichterstattung vom 31.7.2023, C(2023) 5303 final, mit Annex 1.

[294] BT-Drs. 19/14337, 24.

[295] ErwG 22 EU-Klimagesetz.

[296] Art. 1 Nr. 8 Rahmenübereinkommen der Vereinten Nationen über Klimaänderungen vom 9.5.1992, UN Treaty Collection, Vol II, Kap. 27, 7.

[297] *IPCC*, Climate Change 2022. Mitigation of Climate Change, S. 799, 1265, abrufbar unter https://www.ipcc.ch/report/ar6/wg3/downloads/report/IPCC_AR6_WGIII_FullReport.pdf; ausführlich dazu *Steuer*, ZUR 2022, 586 (587).

[298] Das KSpG setzt die Richtlinie 2009/31/EG des Europäischen Parlaments und des Rates vom 23.4.2009 über die geologische Speicherung von Kohlendioxid und zur Änderung der Richtlinie 85/337/EWG des Rates sowie der Richtlinien 2000/60/EG, 2001/80/EG, 2004/35/EG, 2006/12/EG und 2008/1/EG des Europäischen Parlaments und des Rates sowie der Verordnung (EG) Nr. 1013/2006 in nationales Recht um; ausführlich zum KSpG *Dieckmann*, NVwZ 2022, 989 ff.; *Peine/Knopp/Radcke*, Rechtsfragen der Abscheidung und Speicherung von CO_2, 2011, S. 65 ff.

türliche Senken sind beispielsweise Wälder.[299] Sie können entweder vor Rodung geschützt werden, um die Freisetzung von gespeichertem CO_2 zu vermeiden, oder aufgeforstet werden, um zusätzliches CO_2 aus der Atmosphäre zu entnehmen.[300] Auch die veränderte Landnutzung kann eine natürliche Senke darstellen, wenn die neue Bodenoberfläche eine höhere CO_2-Aufnahmefähigkeit aufweist.[301]

c) Kompensationszertifikate

Werden Projekte zum Schutz oder zur Förderung dieser Senken zertifiziert, entstehen Zertifikate, auch Kohlenstoffgutschriften genannt, die Treibhausgasemittenten wie Unternehmen zur Kompensation ihrer Treibhausgasemissionen nutzen können.[302] Ferner können Unternehmen eigene Projekte zur Treibhausgasentnahme oder -speicherung entwickeln, also eigene Zertifikate ausstellen, oder auf Projekte außerhalb ihrer Wertschöpfungskette setzen, die sich mit dem Ankauf von Zertifikaten finanzieren.[303]

Der Berichtstandard *ESRS 1 Climate Change* erkennt an, dass Unternehmen Zertifikate verwenden können, um ihre Treibhausgasemissionen zur kompensieren.[304] Allerdings knüpft er an die Verwendung besondere Offenlegungspflichten, um die Quantität und Qualität der verwendeten Zertifikate sicherzustellen.[305] Beson-

---

[299] Art. 4 Abs. 1 lit. d Rahmenübereinkommen der Vereinten Nationen über Klimaänderungen; *IPCC,* Climate Change 2022. Mitigation of Climate Change, S. 779, abrufbar unter https://www.ipcc.ch/report/ar6/wg3/downloads/report/IPCC_AR6_WGIII_FullReport.pdf.

[300] *Steuer,* ZUR 2022, 586 (587); *Umweltbundesamt,* Freiwillige CO_2-Kompensation durch Klimaschutzprojekte, 2018, S. 11, abrufbar unter https://www.umweltbundesamt.de/sites/default/files/medien/376/publikationen/ratgeber_freiwillige_co2_kompensation_final_internet.pdf.

[301] *IPCC,* Climate Change 2022. Mitigation of Climate Change, S. 788, IPCC, abrufbar unter https://www.ipcc.ch/report/ar6/wg3/downloads/report/IPCC_AR6_WGIII_FullReport.pdf; *Umweltbundesamt,* Freiwillige CO_2-Kompensation durch Klimaschutzprojekte, 2018, S. 11, abrufbar unter https://www.umweltbundesamt.de/sites/default/files/medien/376/publikationen/ratgeber_freiwillige_co2_kompensation_final_internet.pdf.

[302] *Ruttloff/Wehlau/Wagner/Skoupil,* CCZ 2023, 201 (204); *Steuer,* ZUR 2022, 586 (588).

[303] Disclosure Requirement E1-7 Ziff. 56 Delegierte Verordnung 2023/2772/EU zur Ergänzung der Richtlinie 2013/34/EU in Bezug auf Standards für die Nachhaltigkeitsberichterstattung vom 31.7.2023, C(2023) 5303 final, mit Annex 1.

[304] Disclosure Requirement E1-7 – GHG removals and GHG mitigation projects financed through carbon credits, Delegierte Verordnung 2023/2772/EU zur Ergänzung der Richtlinie 2013/34/EU in Bezug auf Standards für die Nachhaltigkeitsberichterstattung vom 31.7.2023, C(2023) 5303 final, mit Annex 1.

[305] Disclosure Requirement E1-7 Ziff. 57 Delegierte Verordnung 2023/2772/EU zur Ergänzung der Richtlinie 2013/34/EU in Bezug auf Standards für die Nachhaltigkeitsberichterstattung vom 31.7.2023, C(2023) 5303 final, mit Annex 1.

dere Berücksichtigung muss dabei das Kriterium der „Zusätzlichkeit“ finden; es muss also nachvollziehbar sein, dass durch das zertifikatfinanzierte Projekt tatsächlich Treibhausgase entnommen werden oder ihr Ausstoß verhindert wird.[306]

Um diese Anforderungen sicherzustellen, bieten verschiedene Institutionen entsprechende Zertifizierungen nach bestimmten Standards an. Da derartige private Standards allerdings keiner staatlichen Regulierung oder Aufsicht unterliegen, weisen sie in der Praxis oftmals eine geringe Validität auf.[307] Insbesondere sind die Anforderungen häufig intransparent und lassen sich selbst vom kompensierenden Unternehmen nicht hinreichend überprüfen.[308] Dennoch erkennt das Völkerrecht – zumindest im Bereich des zivilen Luftverkehrs – die aufgezählten Standards zur Zertifizierung von Treibhausgasvermeidungs- oder -entnahmeprojekten an.[309] Künftig soll eine europäische Regulierung der Kompensationszertifikate, die sich an strengeren Kriterien orientiert, auch außerhalb dieses Sektors Rechtssicherheit schaffen.[310]

d) Abgrenzung zu Zertifikaten aus dem EU-EHS und nEHS

Zertifikate zur Kompensation von Treibhausgasen sind von Emissionszertifikaten im Rahmen des EU-EHS und nEHS zu unterscheiden: Deren Erwerb ist (1.) nach dem TEHG und BEHG verpflichtend und bewirkt (2.) *keine* Kompensation von Treibhausgasen; vielmehr *berechtigen* sie den Emittenten zu einer bestimmten Menge

---

[306] *World Business Council for Sustainable Development/Wolrd Resources Institute,* The Greenhouse Gas Protocol. The GHG Protocol for Project Accounting, 2003, S. 15 ff.; abrufbar unter https://ghgprotocol.org/sites/default/files/standards/ghg_project_accounting.pdf.

[307] Rodi/*Rodi/Kalis,* Handbuch Klimaschutzrecht, 2022, § 9 Rn. 13; *Ruttloff/Kappler/Schuler,* BB 2023, 1219 (1222); *Ruttloff/Wehlau/Wagner/Skoupil,* CCZ 2023, 201 (204); ausführlich zu den Schwächen des freiwilligen Zertifikatemarkts *Battocletti/Enriques/Romano,* The Voluntary Carbon Market: Market Failures and Policy Implications, 95 University of Colorado Law Review (im Erscheinen).

[308] *Rodi/Yilmaz,* ZUR 2020, 336 (337); *Steuer,* ZUR 2022, 586 (688).

[309] Carbon Offsetting and Reduction Scheme for International Aviation (CORSIA), *International Civil Aviation Organization,* State letter v. 20.7.2018, AN 1/17.14–18/78, Annex 16 Volum IV zum Chicagoer Abkommen v. 7.12.1944 über Internationale Zivilluftfahrt; Liste der nach CORSIA zugelassenen CO_2-Zerfitikate abruftbar unter https://www.icao.int/environmental-protection/CORSIA/Documents/TAB/CORSIA%20Eligible%20Emissions%20Units_March2023.pdf. Ausführlich zur Funktionsweise von CORSIA *Dilg,* Klimaschutz im Luftverkehrsrecht, 2022, S. 102 ff.; *Steuer,* ZEuP 2023 (im Erscheinen).

[310] *Europäische Kommission,* Vorschlag für eine “Regulation establishing a Union certification framework for carbon removals” vom 30.11.2022, COM(2022) 672 final, abrufbar unter https://climate.ec.europa.eu/system/files/2022-11/Proposal_for_a_Regulation_establishing_a_Union_certification_framework_for_carbon_removals.pdf.

an Treibhausgasemissionen und verbriefen einen Anteil am öffentlich-rechtlich vorgegeben Emissionsbudget.[311]

5. Abgrenzung zu „net zero"

Obwohl das öffentliche Recht und jüngst auch das Gesellschaftsrecht den Begriff der Klimaneutralität als maßgebliches Ziel betrachten,[312] wird in der (Unternehmens-)Praxis (auch) der Begriff *net zero* oder *netto null* verwendet.[313] Der europäische Gesetzgeber sieht sich daher veranlasst, den Begriff im Rahmen seines Klimaberichtsstandards zu definieren: Unternehmen, die sich ein Netto-Null-Ziel setzen, müssen (1.) ihre Treibhausgasemissionen in der gesamten Wertschöpfungskette, also *Scope 1–3,* bis zu der für das Pariser 1,5-Grad-Ziel erforderlichen Klimaneutralität mindern und dabei (2.) etwa 90–95 Prozent der Emissionen reduzieren; nur die dann noch verbleibenden Emissionen dürfen kompensiert werden.[314] Der Unterschied zum Begriff der Klimaneutralität liegt also zum einen in der Reichweite – *Scope 1 bis 3* statt lediglich *Scope 1* und *2* – und dem festen Prozentsatz für die – in beiden Fällen vorrangige – Reduktion.

---

[311] *Steuer,* ZUR 2022, 586 (592); *vom Dahl/Wangrau,* EnZW 2022, 63 (65).

[312] *Supra* F. I. und II.

[313] *Deutsche Energie Agentur,* Analyse. Klimaneutralität von Unternehmen. Bestehende Standards, Initiativen und Label sowie Einordnung der Rolle von Treibhausgas-Kompensation, September 2022, S. 9, abrufbar unter https://www.dena.de/fileadmin/dena/Publikationen/PDFs/2022/ANALYSE_Klimaneutralitaet_von_Unternehmen.pdf.

[314] Delegierte Verordnung 2023/2772/EU zur Ergänzung der Richtlinie 2013/34/EU in Bezug auf Standards für die Nachhaltigkeitsberichterstattung vom 31.7.2023, C(2023) 5303 final, mit Annex 2, abrufbar unter https://ec.europa.eu/finance/docs/level-2-measures/csrd-delegated-act-2023–5303-annex-2_en.pdf.

G. Empfehlung: Eine Klimatrias für das Gesellschaftsrecht

Ausgangspunkt für Regelungsempfehlungen auf dem Gebiet des Gesellschaftsrechts ist die Zielvorgabe des Völker-, Unions- und Verfassungsrechts, auf dem Gebiet der Bundesrepublik bis zur Mitte des 21. Jahrhunderts Klimaneutralität zu erreichen.[315] Dabei muss die Privatwirtschaft ab einer gewissen Größenordnung sektorübergreifend und flächendeckend – und nicht nur punktuell wie beim Kohleausstieg[316] oder dem (nicht alle Sektoren erfassenden und räumlich-geographisch eingeschränkten) Emissionsrechtehandel[317] – in die Dekarbonisierung mit eingebunden werden. Dies sollte über einen *smart mix* an Regelungsinstrumenten unter Einschluss eines *corporate climate enforcement* erfolgen.[318] Das geltende Gesellschaftsrecht steht zwar schon jetzt einer freiwilligen Implementierung von Klimaschutzmaßnahmen nicht entgegen, es hält die Akteure einer Kapitalgesellschaft aber auch nicht hinreichend zu klimafreundlichem Handeln an.[319] Anknüpfend an die internationale Entwicklung und inspiriert durch rechtsvergleichende Impulse sollte auch in Deutschland die Klimatransformation von Unternehmen *gesellschaftsrechtlich* incentiviert werden. Zu empfehlen ist ein *Greening Corporate Law*[320], was mit einer instrumentellen Trias gelingt: einer Klimaquote **(unter I.)**, einem ergänzenden Rechtsformzusatz „klimaneutral" **(unter II.)** und einer Klimagovernance **(unter III.)**.

I. Klimaquote

Klimaneutralität kann nur unter Aktivierung der Wirtschaft erreicht werden. Ein Ansatzpunkt ist dabei das Kapitalmarktrecht, welches auf Ebene der Finanzmarktakteure und der Unternehmensfinanzierung ansetzt *(Green Finance).* Ein anderer Hebel ist das in diesem Gutachten angesprochene Gesellschaftsrecht, mit dem die Unternehmensleitung und damit namentlich die Realwirtschaft adressiert wird. Als zentrale Maßnahme ist dabei die Einführung einer

[315] *Supra* F. I.

[316] BGBl. 2020 I 1818.

[317] EU-EHS (TEHG) und nEHS (BEHG); hierzu *Steuer,* ZEuP 2024 (im Erscheinen).

[318] *Supra* B.

[319] *Mittwoch,* aaO, S. 372 ff.

[320] *Weller/Hößl/Seemann,* ZGR 2024, 180.

Klimaquote für börsennotierte oder mitbestimmte Kapitalgesellschaften zu empfehlen.

1. Regelungsvorschlag

§ 76a AktG nF (Entwurf) – Klimaquote

(1) *Der Vorstand einer Gesellschaft, die börsennotiert ist oder der Mitbestimmung unterliegt, stellt einen Klimatransformationsplan auf, aktualisiert diesen jährlich und beschließt auf dessen Basis eine Jahreszielgröße zur Verringerung von Treibhausgasemissionen (Klimaquote).*

(2) *Der Klimatransformationsplan und die Klimaquote beziehen sich jeweils auf Scope 1- und Scope 2-Emissionen der Gesellschaft. Die Definition der Scope 1 und 2-Emissionen in Annex II der Delegierten Verordnung 2023/2772/EU*[321] *gilt entsprechend. Die Klimaquote gibt die jeweilige prozentuale Verringerung der Scope 1- und 2-Emissionen gegenüber dem Referenzjahr 2024 an. Der Klimatransformationsplan und die Klimaquoten müssen insgesamt so gestaltet sein, dass die Gesellschaft bis spätestens 2045 klimaneutral ist. Dabei müssen Plan und Quoten wissenschaftsbasiert sein. Die Reduktion von Emissionen hat Vorrang vor ihrer Kompensation, die Wahl der Letzteren ist zu begründen. Ausnahmen von der Klimaneutralität bis 2045 sind in Härtefällen zulässig, insbesondere wenn die Daseinsvorsorge gefährdet wäre.*

(3) *Der Vorstand hat den Klimatransformationsplan, seine jährliche Aktualisierung und die Klimaquote unverzüglich nach ihrem jeweiligen Beschluss dem Aufsichtsrat vorzulegen. Der Aufsichtsrat hat zu erklären, ob er den Klimatransformationsplan und die Klimaquote billigt.*

(4) *Der Klimatransformationsplan und der Beschluss zur Klimaquote sind nach §§ 289b und 289f HGB zu veröffentlichen und zu begründen. Dabei ist unter Bezugnahme auf die bereits umgesetzten Klimaschutzmaßnahmen zu erläutern, inwiefern die Klimaquote unter Berücksichtigung des Geschäftsmodells angemessen ist. Ergänzend sind in der Begründung auch die Scope 3-Emissionen der Gesellschaft und ergriffene oder geplante Maßnahmen zu deren Verringerung darzulegen. Beruft sich ein Unternehmen auf einen Härtefall nach Abs. 2 Satz 7, gilt Abs. 4 Satz 1 entsprechend.*

(5) *Ausgenommen von den Absätzen (1) bis (4) sind bereits klimaneutrale Gesellschaften iSd § 20 HGB nF sowie der Ausstoß*

[321] Delegierte Verordnung zur Ergänzung der Richtlinie 2013/34/EU in Bezug auf Standards für die Nachhaltigkeitsberichterstattung vom 31.7.2023, C(2023) 5303 final.

und Abbau von Emissionen in dem von der Verordnung (EU) 2018/841[322] *erfassten LULUCF-Sektor.*

Eine entsprechende Neuregelung sollte auch für mitbestimmte GmbHs in einem § 36a GmbHG nF eingeführt werden.

2. Transposition der Klimaneutralität ins Gesellschaftsrecht

Die Klimaquote transponiert den öffentlich-rechtlichen Klimaschutz ins Privatrecht. Kernidee ist, die verfassungs- und unionsrechtliche Zielvorgabe der Klimaneutralität auch zu einer Zielvorgabe für Großunternehmen zu machen. Bisher ist das KSG ein Rahmengesetz, das zwar die Klimaneutralität bis 2045 vorgibt, allerdings lediglich bezogen auf das Territorium der Bundesrepublik insgesamt. Das KSG bedarf der Konkretisierung durch weitere Ausführungsgesetze[323], etwa das Privathaushalte betreffende Gebäudeenergiegesetz 2023.[324] Eine Klimaquote für alle börsennotierten oder mitbestimmten Gesellschaften würde die Privatwirtschaft als maßgeblichen Emittenten von Treibhausgasen *sektorübergreifend* und damit distributiv gerecht adressieren. Dabei ist die Klimaquote keine planwirtschaftliche, den Unternehmen von der Politik aufoktroyierte starre Quotenvorgabe. Vielmehr ist sie von der Unternehmensleitung mit Blick auf das jeweilige Geschäftsmodell flexibel und unternehmensindividuell festlegbar, solange sie mit dem bis spätestens 2045 zu erreichenden Ziel der Klimaneutralität des Unternehmens vereinbar ist. Sie überzeugt damit als privatautonomiekonformes Instrument.

3. Regelungskonzeption

a) Anlehnung an § 76 Abs. 4 AktG und § 36 GmbHG

Die Klimaquote sollte sich an einem etablierten und der Praxis vertrauten Regelungsmuster orientieren. Diesbezüglich bietet sich die nach § 76 Abs. 4 AktG vom Vorstand (und nach § 36 GmbHG von der Geschäftsführung einer mitbestimmten GmbH) periodisch festzulegende Zielgröße für den Geschlechteranteil in Führungspositionen an. Die 2015 durch das FüPoG I[325] eingeführte Regelung zeichnet sich durch ihre unternehmensindividuelle Flexibilität und ihre (nur) auf Transparenz und Reputation setzenden Durch-

---

[322] Sog. LULUCF-Verordnung (Land Use, Land Use Change and Forestry).

[323] *Supra* F.I.2.b).

[324] BGBl. 2023 I Nr. 280.

[325] Gesetz für die gleichberechtigte Teilhabe von Frauen und Männern an Führungspositionen in der Privatwirtschaft und im öffentlichen Dienst I, BGBl. 2015 I 642.

setzungsmechanismen aus. Diese Charakteristika sollte die Klimaquote aufgreifen. Zwar ist § 76 Abs. 4 AktG im Bestreben, die Repräsentation von Frauen in Führungspositionen zu steigern, bisher nur bedingt erfolgreich.[326] Der darin normierte *Comply or Explain*-Ansatz, der auch die Möglichkeit einschließt, sich eine Zielgröße Null zu setzen, hat sich als zu „soft" erwiesen.[327] Davon unterscheidet sich die Klimaquote jedoch in einem zentralen Punkt: Sie verspricht insofern eine größere Effektivität, als sie eine *feste Endzielgröße* (die der Klimaneutralität im Jahr 2045) vorgibt. Sie belässt den Unternehmen dabei aber die Flexibilität, zu entscheiden mit welchen Zwischenschritten und mit welcher Geschwindigkeit diese erreicht wird.[328]Auf diesem Wege vereint sie den flexiblen Faktor der Geschlechterquote mit einem planbaren Endziel.

b) Keine Überfrachtung des Tagesgeschäfts

Gegenüber der in der Literatur[329] diskutierten Ergänzung des Wortlauts der §§ 76, 93 AktG um eine Nachhaltigkeitsklausel hätte die Klimaquote den Vorzug, das Tagesgeschäft nicht zu überfrachten. Würde man den Klimaschutz hingegen direkt in § 76 Abs. 1 oder § 93 Abs. 1 AktG verankern, wären Klimabelange bei *allen* Leitungsentscheidungen in die vorangehende Abwägung einzustellen. Dies würde nicht nur für Entscheidungen, einen neuen Standort oder eine neue Produktlinie zu erschließen, gelten (wo diese Abwägung angezeigt ist), sondern auch bei täglichen Beschaffungsentscheidungen aller Art, etwa dem Einkauf von Verbrauchs- oder Konsumartikeln (zB sanitäre Produkte oder Getränke oder Speisen für die Belegschaft). Wenn bei jeder dieser Entscheidungen eine Klimaabwägung stattzufinden hätte, würde das der Bürokratie Vorschub leisten und dem Klima – da zu klein skaliert – praktisch nichts bringen.

Vorzugswürdig erscheint es daher, die in der Literatur vorgeschlagene Anreicherung der Leitungs- und Sorgfaltspfllicht um Klimabelange als eine vorzunehmende *Selbstverpflichtung* der Leitungsorgane auszugestalten. Letztere sollten zwar die Gesellschaft und ihr Geschäftsmodell *grundsätzlich* bis spätestens 2045 klimaneutral aus-

---

[326] *Minderjahn,* Die Frauenzielgrößen des GgTFMF, 2020, S. 280 ff.; *Steiner,* Die Sanktionierung der flexiblen Frauenquote, 2018, S. 477.

[327] *Minderjahn,* aaO, 294.

[328] Ähnlich BT-Drs. 20/7632, 53 zum EnEfG 2023: „Das Energieeffizienzgesetz umfasst eine gesamtstaatliche *Zielsetzung* zur Reduktion des Energieverbrauchs (…). Es enthält hingegen keine Regelungen zur Begrenzung des individuellen Energieverbrauchs von Unternehmen oder privaten Haushalten."

[329] *Supra* D.II.1.a); zuletzt *VGR-Arbeitskreis Aktienrechtsreform,* AG 2024 (im Erscheinen).

richten; wie sie dann aber im *konkreten* Tagesgeschäft dahin gelangen – ob durch eine „große" oder viele „kleine" Entscheidungen – sei ihnen überlassen. Plastisch formuliert: So mag die Geschäftsleitung einerseits beschließen, die Produktion komplett auf CO_2-neutrale Prozesse umzustellen oder generell nur noch „grünen Strom" zu beziehen. Zugleich mag sie andererseits dann aber bei der Konsumgüterbestellung für den Betrieb davon absehen, den jeweiligen CO_2-Fußabdruck der bezogenen Waren miteinander zu vergleichen. Die Klimaquote als lediglich *grundsätzliche* Selbstverpflichtung eröffnet diesen operativen Spielraum und scheint daher als privatautonomiestimulierende Regelungstechnik vorzugswürdig.

4. Anwendungsbereich

a) Börsennotierte oder mitbestimmte Gesellschaften

Ebenso wie die Zielgrößen in § 76 Abs. 4 AktG und § 36 GmbHG sollte sich der Anwendungsbereich der Klimaquote auf Großunternehmen beschränken. Dies ist insofern distributiv gerecht, als diese für den Löwenanteil der weltweiten CO_2-Emissionen verantwortlich sind. Konkret geht es um Kapitalgesellschaften, die börsennotiert (§ 3 Abs. 2 AktG) *oder* mitbestimmt sind.[330] Mitbestimmt meint die Unternehmensmitbestimmung im Aufsichtsrat (§ 96 AktG, § 52 GmbHG). Diese gilt für Gesellschaften, die dem MitbestG (ab 2000 Arbeitnehmer*innen), dem DrittelbG (ab 500 Arbeitsnehmer*innen), dem MontanMitbestG, dem MitbestErgG oder dem MgVG unterliegen.[331] Die Klimaquote würde hiernach ca. 2300 Unternehmen in Deutschland erfassen.[332]

Künftig könnte der Anwendungsbereich sukzessive in Anlehnung an entsprechende „Ausweitungsklauseln" im LkSG[333] oder der CSRD[334] auch auf Gesellschaften unterhalb dieser Größenordnung ausgedehnt werden. Allerdings empfiehlt es sich, den Anwendungsbereich zunächst nur auf Großunternehmen zu konzentrieren. Denn

---

[330] Dagegen gilt die starre 30 %-Geschlechterquote in § 96 Abs. 2 AktG nur für Gesellschaften, die kumulativ börsennotiert *und* mitbestimmt sind.

[331] *Koch,* AktG, 17. Auf. 2023, § 76 Rn. 73.

[332] Information der Bundesregierung über die Entwicklung des Frauenanteils in Führungsebenen v. 11.1.2023, S. 44, abrufbar unter https://www.bmfsfj.de/resource/blob/209010/a6daaf83b8e8111e495f5055192ff3c8/bericht-sechste-jaehrliche-informa tion-data.pdf. Die Information zeigt die Entwicklung bis zum Geschäftsjahr 2019.

[333] Nach § 1 Abs. 1 S. 1 Nr. 2 LkSG waren zunächst Unternehmen mit mindestens 3000 Arbeitnehmer*innen erfasst, nach § 1 Abs. 1 S. 3 LkSG sinkt diese Schwelle ab 2024 auf 1000 Arbeitnehmer*innen ab.

[334] Nach Art. 5 Abs. 2 lit. a CSRD gilt die CSRD zunächst für Unternehmen von öffentlichem Interesse mit mindestens 500 AN, nach Art. 5 Abs. 2 lit. b CSRD ab 2025 für sonstige Unternehmen mit mindestens 500 AN und nach Art. 5 Abs. 2 lit. c CSRD ab 2026 für KMU von öffentlichem Interesse.

diese erheben bereits jetzt – aufgrund der seit 2024 geltenden CSRD – die für den Klimatransformationsplan und die Klimaquote notwendigen Kennzahlen, sodass eine aus § 76a AktG nF resultierende zusätzliche Belastung überschaubar sein sollte. Zudem haben sie aufgrund ihrer Marktmacht eine höhere Ausstrahlungs- und Vorbildwirkung sowie eine größere Leistungsfähigkeit.

b) Ausklammerung bereits klimaneutraler Gesellschaften und des LULUCF-Sektors

Gesellschaften, die bereits klimaneutral sind und dies in einem ergänzenden Rechtsformzusatz nach § 20 HGB nF transparent machen[335], sind von der Klimaquote ausgenommen.

Auszuklammern wäre überdies der Sektor *Land Use Land Use Change and Forestry* (LULUCF). Für diesen treffen die LULUCF-VO[336] und § 3a KSG speziellere Klimaschutzvorgaben, weil er eine Reihe von Besonderheiten aufweist: (1.) sein Spannungsfeld zur Ernährungssicherheit[337], (2.) seine Relevanz für die Artenvielfalt[338], (3.) seine CO_2-Freisetzungsrevisibilität bei Abholzung oder Waldbränden[339], (4.) lange Zeiträume, bis durch Aufforstung eine CO_2-Senke entsteht[340], (5.) seine bereits vorhandenen Senken, die zu einem Abbau von 372 Mio. Tonnen CO_2-Äquivalent jährlich im EU-Raum führen.[341] Vor diesem Hintergrund besteht für den LULUCF-Sektor schon jetzt die Vorgabe, dass seine Gesamtemissionen den Gesamtabbau nicht übersteigen, der Sektor mithin eine Netto-Null Bilanz aufweist.[342]

5. Ausnahmeklausel für Härtefälle

In Härtefällen sollten von der Verpflichtung zur Aufstellung des Klimatransformationsplans und der Klimaquote Ausnahmen gemacht werden: (1.) Dies wäre denkbar, wenn die Transformation zur Klimaneutralität bis 2045 den öffentlichen Versorgungsauftrag einer Gesellschaft gefährden sollte. (2.) Darüber hinaus ist in manchen Sektoren eine Substitution von CO_2-intensiven durch CO_2-reduzierte Produktionsprozesse langwieriger als in anderen.[343] Das

---

[335] *Infra* G.II.
[336] LULUCF-VO (EU) 2018/84.
[337] ErwG 6.
[338] ErwG 12.
[339] ErwG 5.
[340] ErwG 8.
[341] ErwG 22.
[342] ErwG 24 und Art. 4.
[343] Freilich bemüht sich selbst die Luftfahrtbranche, bis 2050 CO_2-neutral zu sein, *Lufthansa,* Nichtfinanzielle Erklärung 2022, S. 99, abrufbar unter LH-GB-2022-d.pdf (lufthansagroup.com).

KSG und die dort (zumindest noch)[344] vorgesehenen sektoriellen CO_2-Restbudgets nehmen darauf Rücksicht und gestehen substitutionsdiffizilen Branchen kurz- und mittelfristig höhere Budgets zu, die erst langfristig degressiv abnehmen. Diese Wertung sollte die Klimaquote spiegeln, indem sie Ausnahmen zulässt. (3.) Ferner sollten Modifikationen für Start-ups und „junge Unternehmen" an der Börse gelten, die zwar aufgrund ihrer Börsennotierung in den Anwendungsbereich der Klimaquote fallen, aber noch kein hinreichend etabliertes Geschäftsmodell haben; wenn hier während eines Geschäftsjahres kurzfristig und dynamisch neue Geschäftszweige erschlossen werden und daher eine langfristige Planung (noch) nicht möglich ist, sollten Erleichterungen für die Klimatransformationsplanung gelten.

Macht eine Gesellschaft von der Ausnahmeregelung des § 76a Abs. 2 S. 7 AktG nF Gebrauch, sollte dies entsprechend § 76a Abs. 4 S. 1 AktG nF in der Nachhaltigkeitserklärung und in der Erklärung zur Unternehmensführung begründet werden, § 76a Abs. 4 S. 4 AktG nF.

6. Klimatransformationsplan

Dem Vorstand sollte entsprechend seiner Leitungsverantwortung aufgegeben werden, einen Klimatransformationsplan zu erstellen.[345] Gemeint ist ein Plan zum Umgang der Gesellschaft mit klimaschädlichen Emissionen und zu deren wissenschaftsbasierter Reduktion (vgl. dazu die *Science Based Targets initiative – SBTi*[346]) mit dem Endziel, bis 2045 klimaneutral zu sein. Inhaltlich können die Unternehmen den Plan nach branchenüblichen Standards oder ihren jeweils eigenen Bedürfnissen ausrichten. Der Klimatransformationsplan könnte zugleich das Energie- und Umweltmanagementsystem nach § 8 EnEfG sowie den Umsetzungplan von Endenergiesparmaßnahmen nach § 9 EnEfG beinhalten.[347] Zu beidem sind Unter-

---

[344] Derzeit wird über eine Novelle des KSG diskutiert, wonach die sektorspezifischen Ziele durch Gesamtemissionsminderungsziele ersetzt werden sollen, Gesetzentwurf v. 11.9.2023, BT-Drs. 20/8290.

[345] Vgl. auch *VGR*, AG 2022, 239 (242).

[346] Die *Science Based Targets Initiative (SBTi)* ist eine Partnerschaft zwischen dem Carbon Disclosure Project (CDP), dem United Nations Global Compact, dem World Resources Institute (WIR) und dem World Wide Fund for Nature (WWF). Sie unterstützt Unternehmen dabei, sich wissenschaftsbasierte Emissionsreduktionsziele zu setzen, vgl. Ambitious corporate climate action – Science Based Targets. Viele DAX-Konzerne (zB Lufthansa, RWE, adidas) stützen sich bereits auf die SBTi.

[347] Nach § 9 EnEfG müssen Unternehmen *konkrete, durchführbare Umsetzungspläne […] erstellen und […] veröffentlichen für alle als wirtschaftlich identifizierten Endenergieeinsparmaßnahmen in den Energie- und Umweltmanagementsystemen nach § 8 EnEfG […].*

nehmen ab einem bestimmten Gesamtenergieverbrauch verpflichtet, den mitbestimmte oder börsennotierte Gesellschaften regelmäßig erreichen dürften.[348] Einige Großunternehmen entwickeln für ihre internen Entscheidungs- und Umstrukturierungsprozesse ohnehin bereits freiwillig Klimatransformationspläne.[349] Für sie brächte die vorgeschlagene Regelung keinen nennenswerten Umstellungsaufwand, würde aber zur Standardisierung und größerer Vergleichbarkeit beitragen. Der Klimatransformationsplan sollte am Ende eines Geschäftsjahrs mit den eingeleiteten bzw. umgesetzten und mit den noch geplanten Klimaschutzmaßnahmen abgeglichen und für das Folgejahr aktualisiert und fortgeschrieben werden.

7. Klimaquote

a) Jahreszielgröße zur Verringerung der Emissionen

Ausgehend vom Klimatransformationsplan sollte vom Vorstand eine Klimaquote bestimmt werden. Diese ist eine Jahreszielgröße zur Senkung von Treibhausgasemissionen. Konkret gibt die Klimaquote die jeweilige prozentuale Verringerung der *Scope 1*- und *2*-Emissionen gegenüber einem Referenzjahr an (zB 2024).[350] Eine *Verringerung* der Emissionen wäre hiernach sowohl durch Reduktions- als auch über Kompensationsmaßnahmen möglich, wobei die Reduktion von Emissionen Vorrang haben sollte.[351] Als Referenzjahr böte sich das Jahr 2024 an, da dann erstmals die neuen CSRD-Berichtspflichten greifen und die Unternehmen über ihre Treibhausgasemissionen berichten müssen; an diese ohnehin zu erhebende Informationsbasis könnten Unternehmen bei der Bestimmung der Klimaquote anknüpfen, ohne dabei einen größeren Extra-(büro kratie-)aufwand zu haben.

b) Individuelle Höhe

Die Klimaquote ist ein unternehmensindividuelles Regelungsinstrument. Sie lässt jeder Gesellschaft die Autonomie, ihre Klimaschutzbemühungen entsprechend ihrem konkreten Geschäftsmodell zu planen und jährlich den jeweiligen Dekarbonisierungsmöglichkeiten anzupassen. Sie unterliegt der Höhe nach unternehmerischem Ermessen. Die Klimaquote ist von der Regelungskonzeption her

---

[348] Von § 9 EnEfG dürften knapp 25.000 Unternehmen erfasst werden, BT-Drs. 20/6872, 34.

[349] Siehe zB die Nichtfinanzielle Berichterstattung 2022 von *RWE, Merck* und *Volkswagen.*

[350] Vergleichbar ist sie dadurch mit dem Mechanismus des KSG, welcher ebenfalls jährliche Minderungsziele setzt, vgl. Anlage 3 zu § 4 KSG.

[351] *Supra* E. III. 3. c).

bewusst an die *flexible* Geschlechterquote in § 76 Abs. 4 AktG und § 36 GmbHG angelehnt *(Flexiquote)*.[352] Bei dieser legt der Vorstand (beziehungsweise die Geschäftsführung bei mitbestimmten GmbHs) unternehmensindividuell eine Zielgröße zur Steigerung des Frauenanteils im Topmanagement fest.[353]

§ 76 Abs. 4 S. 3 AktG und § 36 S. 3 GmbHG erlauben explizit eine Zielgröße von „null". Eine Null-CO_2-Reduktion als Zielvorgabe für das kommende Jahr wäre auch bei der Klimaquote denkbar, insbesondere in den ersten Jahren eines angedachten Dekarbonisierungsprozesses, soweit noch keine technischen oder wirtschaftlich vertretbaren Substitutionsmöglichkeiten für ein CO_2-basiertes Geschäftsmodell existieren. *À la longue* müsste die Klimaquote freilich so konzipiert sein, dass die Gesellschaft im Jahr 2045 die Klimaneutralität erreicht.

c) Bezugspunkt: *Scope 1*- und *2*-Emissionen

Die Klimaquote sollte sich (lediglich) auf *Scope 1*- und *Scope 2*-Emissionen beziehen; das sind die Emissionen, die der Gesellschaft als *eigene* zugerechnet werden können. Sie stellt deren prozentuale Verringerung gegenüber dem Referenzjahr in Aussicht. *Scope 1*- und *Scope 2*-Emissionen wären jeweils getrennt auszuweisen.[354] Die Klimaquote sollte sich indes *nicht* auf *Scope 3*-Emissionen erstrecken. Diesbezüglich empfiehlt sich eine bloße Berichtspflicht (§ 76a Abs. 4 S. 2 AktG nF), die so ausgestaltet werden sollte, dass sie sich mit den aus der CSRD erwachsenden *Scope 3*-Reportingpflichten deckt.

d) Einbeziehung von Konzerngesellschaften

Was zu den *Scope 1 und 2*-Emissionen zählt, hat die EU bereits definiert; hieran sollte angeknüpft werden.[355] Der Bezugspunkt der *Scope 1*-Emissionen beschränkt sich nicht auf die jeweilige Gesellschaft als Rechtsträgerin (juristische Person), sondern umfasst auch die von ihr kontrollierten Konzerngesellschaften im In- und Ausland. Diese – auf Beherrschungsverhältnisse beschränkte – *rechtsträgerübergreifende* Konsolidierung ist kein Novum der Klimabilanzie-

[352] *Verf.* hatte im Jahr 2011 im Auftrag der Bundesregierung ein Gutachten zur Steigerung des Frauenanteils im Vorstand von Aktiengesellschaften erstattet; in der Politik war damals von einer „Flexiquote" die Rede.

[353] Diese Zielgröße unterscheidet sich von der *fixen* 30 %-Geschlechterquote für Vorstand und Aufsichtsrat, die lediglich für (kumulativ) *börsennotiert-mitbestimmte* Unternehmen gilt (§§ 76 Abs. 3a, 96 Abs. 2 AktG).

[354] Beispiel: Die X AG müsste zB für das Jahr 2025 festlegen, dass sie bezogen auf das Referenzjahr 2024 10 % ihrer *Scope 1* Emissionen und 7 % ihrer *Scope 2* Emissionen verringern (dh reduzieren oder kompensieren) will.

[355] *Supra* F.III.

rung, sondern findet sich inzwischen vielfach im Unionsrecht und im nationalen Recht, zB bei der Definition des „eigenen Geschäftsbereichs" in § 2 Abs. 6 LkSG.

Die Einbeziehung von Konzerngesellschaften ist überdies zur Vermeidung von Rechtsarbitrageeffekten von zentraler Bedeutung; andernfalls würden möglicherweise Fehlanreize gesetzt, emissionsintensive Betriebe in Konzerntochtergesellschaften auszulagern. Umgekehrt hat die *Scope 1*-immanente Konzernbetrachtung auch Vorteile für die verpflichtete (Mutter-)Gesellschaft, etwa wenn sie selbst viel emittiert, Tochtergesellschaften jedoch besonders emissionsarm sind oder sogar negative Emissionen durch *Carbon Capture*-Techniken erreichen und sich dadurch positiv auf die Klimabilanz des Konzerns auswirken.

8. Implementierung

a) Vorstandsbeschluss und Billigung durch Aufsichtsrat

Die Erstellung des Klimatransformationsplans und die Festlegung der Klimaquote gehören zur Leitungsverantwortung des Vorstandes (§ 76 Abs. 1 AktG) oder der Geschäftsführung (§ 35 GmbHG) und sollten – wie auch die Zielgröße für den Frauenanteil – in der Form eines Vorstandsbeschlusses beziehungsweise Geschäftsführungsbeschlusses erfolgen.[356]

Um die Akzeptanz der Klimatransformation innerhalb der Gesellschaft zu stärken, sollten sowohl der Klimatransformationsplan bzw. seine jährliche Aktualisierung als auch die Klimaquote jeweils dem Aufsichtsrat zur Billigung vorgelegt werden (vergleichbar dem Jahresabschluss nach § 171 Abs. 2 S. 4 AktG[357]).

b) Lagebericht, Nachhaltigkeitserklärung und Erklärung zur Unternehmensführung

Die Durchsetzung der flexiblen Geschlechterquote setzt auf die Befolgungsanreize der Öffentlichkeitswirkung und Reputation.[358] Die Klimaquote und die Eckdaten des Klimatransformationsplans sollten dementsprechend – wie die Zielgrößen nach § 76 Abs. 4 AktG[359]

[356] Alternativ könnte auch *die Gesellschaft selbst* als Pflichtadressatin der Klimaquote in Frage kommen; der Vorstand müsste diese Pflicht der Gesellschaft indirekt über den Transmissionsriemen der Legalitätspflicht (§ 93 Abs. 2 AktG) beachten und hätte die Klimaquote dann als Organ (§ 31 BGB) der Gesellschaft zu implementieren. Es scheint jedoch vorzugswürdig, den in der Unternehmenspraxis bereits gelebten § 76 Abs. 4 AktG als Regelungsvorbild zu nehmen und daher den Vorstand als unmittelbar Verpflichteten zu adressieren.

[357] Vgl. *Koch*, AktG, 17. Aufl. 2023, § 171 Rn. 24.

[358] *Steiner*, Die Sanktionierung der flexiblen Frauenquote, 2018, S. 477.

[359] Vgl. *Koch*, AktG, 17. Aufl. 2023, § 76 Rn. 82f.

und § 36 GmbHG[360] – im Lagebericht veröffentlicht werden. Dies entspräche auch der europäischen Regelungskonzeption, wonach CSRD-Angaben zum Klimaschutz ebenfalls im Lagebericht erfolgen sollen.[361] Innerhalb des Lageberichts sollten sich Klimaquote und -transformationsplan als „Durchführungsmaßnahmen" [362] und aufgrund thematischer Nähe in der Nachhaltigkeitserklärung finden. Diese ist zwar nach den formalen Vorgaben der ESRS abzugeben; als mindestharmonisierende Richtlinie steht die CSRD einer Erweiterung der Nachhaltigkeitserklärung jedoch nicht entgegen.

Um ein vollständiges Bild der Unternehmensführung zu gewährleisten, sollte in der Erklärung zur Unternehmensführung auf die entsprechenden Passagen in der Nachhaltigkeitserklärung verwiesen werden.[363] Zu diesem Zweck könnte erwogen werden, eine weitere Ziffer in den Katalog des § 289f Abs. 2 HGB einzufügen.

c) Prüfung durch den Abschlussprüfer

Als Teil des Lageberichts würden Angaben zur Klimaquote und zum -transformationsplan entsprechend der CSRD – vorerst mit begrenzter Prüfungssicherheit – durch Abschlussprüfer geprüft.[364] Dem Gesetzgeber steht es frei, neben Abschlussprüfern auch unabhängige Erbringer von Bestätigungsleistungen (zB den TÜV) zur Prüfung zuzulassen. [365] Werden Umsetzungspläne von Energieeinsparmaßnahmen nach § 9 EnEfG in den Klimatransformationsplan integriert, könnte mit dessen Prüfung gleichzeitig die Prüf- und Bestätigungspflicht des § 9 Abs. 2 EnEfG erfüllt werden.[366] Entsprechende Prüfstandards werden sich analog zu denjenigen, die derzeit zu den Berichtspflichten der Bilanz-RL nF entwickelt werden, am Markt etablieren. Diese Prüfstandards sollten sich einheitlich an der *supra* dargestellten Definition der Klimaneutralität orientieren.

9. Rechtsfolgen

a) Befolgungsanreiz: Transparenz und Reputation

Der Befolgungsanreiz der Zielgrößenidee liegt allein in Transparenz und Reputation und einer negativen Öffentlichkeitswirkung in

[360] Vgl. *Altmeppen,* GmbHG, 11. Aufl. 2023, § 36 Rn. 20.
[361] *Hommelhoff,* FS Strenger, 2023, 212, 215.
[362] Art. 19a Abs. 2 lit. a Ziff. iii Bilanz-RL nF.
[363] Vgl. *Hommelhoff,* aaO, 220.
[364] Vgl. ErwG 60 CSRD.
[365] Vgl. ErwG 51 ff. CSRD sowie Art. 11 Green Claims-RL.
[366] Nach § 9 Abs. 2 EnEfG sind Unternehmen verpflichtet, sich die Vollständigkeit und Richtigkeit der erstellten Umsetzungspläne und die aufgrund ihrer fehlenden Wirtschaftlichkeit nicht erfassten Endenergieeinsparmaßnahmen vor der Veröffentlichung durch Zertifizierer, Umweltgutachter oder Energieauditoren bestätigen zu lassen.

den Fällen einer „unambitionierte[n] Festlegung der Zielgröße.“[367] Dass diese weiche Sanktionierung hinreichend wirksam ist, hat die Geschlechterquote, trotz der unbefriedigenden absoluten Steigerungszahlen, gezeigt; denn *befolgt* wird die periodische Zielgrößenfestsetzung – den Unternehmen ist lediglich in der Art und Weise ihrer Festlegung ein zu weitgehender Freiraum (Quote „null“) eingeräumt.[368]

b) Keine Sanktionierung bei Verfehlung des CO_2-Reduktionsziels

Auf eine scharfe Sanktionierung für eine etwaige Verfehlung der Zielgröße wird bei § 76 Abs. 4 AktG und § 36 GmbHG bewusst verzichtet.[369] Statuierte die *Flexiquote* stattdessen eine „Haftung für Nichterfüllung“ müsste man gewärtigen, dass der Vorstand zwecks präventiver Haftungsvermeidung die Zielgröße bewusst defensiv festsetzt.[370] In Parallele dazu sollte auch bei der Klimaquote eine *ex post* festgestellte Verfehlung des selbstgesetzten CO_2-Reduktionsziels sanktionslos bleiben. Durch diese weiche Rechtsfolgenlösung wird die Haftungssorge, zu hoch gesteckte Ziele später nicht erreichen zu können, genommen. Allerdings sollte eine *ex post* festgestellte Verfehlung des CO_2-Reduktionsziels in der Erklärung zur Unternehmensführung entsprechend § 289f Abs. 2 Nr. 4 HGB begründet werden.

c) Keine neuen Klagerisiken

Die Einführung der Zielgrößen in § 76 Abs. 4 AktG hatte einen verhaltenssteuernden Effekt[371], ohne dabei Rechtsstreitigkeiten oder neue Prozesse hervorzurufen. Dementsprechend wäre auch bei Einführung der Klimaquote nicht mit neuen Klagerisiken für Aktiengesellschaften zu rechnen. Die etwaige Befürchtung, „räuberische Aktionäre“ könnten ein neues Betätigungsfeld bekommen, ist unbegründet, da die Klimaquote eine Entscheidung der Unternehmensleitung ist, über die die Hauptversammlung nicht zu beschließen hat.

Schließlich würde die Klimaquote auch kein Einfallstor für gesellschaftsrechtliche Klimaklagen bieten.[372] Anders als im Vereinigten Königreich mit seinem monistischen Board-System ist der Einfluss

[367] *Koch*, AktG, 17. Auf. 2023, § 76 Rn. 84.
[368] *Steiner*, Die Sanktionieung der flexiblen Frauenquote, 2018, S. 478.
[369] Regierungsbegründung, BT-Drs. 16/3784, 119 f.
[370] *Koch*, AktG, 17. Auf. 2023, § 76, Rn. 84.
[371] Vgl. *Minderjahn*, aaO, S. 280 ff.
[372] Hierzu *Weller/Hößl/Radke*, in: WiR (Hrsg.), Nachhaltigkeit im Wirtschaftsrecht, Wien 2023, S. 143 (148 ff.).

der Aktionäre im deutschen System der dualen Unternehmensleitung (Vorstand und Aufsichtsrat) mediatisiert; Aktionärsklagen sind hier angesichts der sehr hohen Hürden des § 147 AktG praktisch ausgeschlossen.

d) Ausnahme: Unterlassen von Klimatransformationsplan und Klimaquote

Für den in praxi kaum vorstellbaren Fall, dass ein Vorstand es gänzlich unterließe, einen Klimatransformationsplan oder eine Klimaquote zu beschließen oder diese nach § 289f HGB zu veröffentlichen, handelte es sich um eine Sorgfaltspflichtverletzung, die – wie auch sonstige Pflichtverletzungen – nach den allgemeinen Regeln (§ 93 Abs. 2 AktG) sanktioniert werden könnte.[373] Entsprechendes würde bei einer offensichtlich unplausiblen oder evident nicht stringenten Quotensetzung gelten; denn eine solche stünde im Widerspruch zur Sorgfalt eines „ordentlichen und gewissenhaften Geschäftsleiters" (§ 93 Abs. 1 S. 1 AktG). Denkbare Schadensposten wären Rechtsberatungskosten oder Bußgelder, die der Gesellschaft gemäß § 334 HGB wegen Verletzung des § 289f HGB auferlegt werden.[374] Demgegenüber wären bloße Reputationsschäden als immaterielle Schäden nach § 253 Abs. 1 BGB in der Regel nicht ersatzfähig.[375] Des Weiteren könnte im Fall einer gänzlich unterlassenen Klimaquote die Entlastung des Vorstands nach § 120 AktG verweigert bzw. ein erfolgter Entlastungsbeschluss – analog der Rechtsprechung zu § 161 AktG – angefochten werden.[376]

e) Optional: Koppelung der Klimatransformation an die Vorstandsvergütung

Durch das ARUG II (2019) wurde § 87 Abs. 1 S. 2 AktG um das Kriterium der (ökologischen und sozialen) Nachhaltigkeit ergänzt. Seitdem müssen börsennotierte Gesellschaften die Nachhaltigkeit als eines von mehreren Kriterien im Rahmen der variablen Vergütungsbestandteile berücksichtigen.[377] Es liegt nahe, variable Vergütungsbestandteile auch an den hier vorgeschlagenen Klimatransformationsplan und an die Umsetzung der selbstgesetzten Klimaquote zu knüpfen. Dies wäre dem Aufsichtsrat bereits jetzt auf Basis des

---

[373] Vgl. zur Parallelsituation bei der Geschlechterquote nach § 76 Abs. 4 AktG *Koch*, AktG, 17. Auf. 2023, § 76 Rn. 86f.

[374] *Kersting*, ZIP 2016, 1266; aA *Grunewald*, NZG 2016, 1124.

[375] *Mock/Mohamed*, NZG 2022, 350 (354).

[376] So zu § 76 Abs. 4 AktG *Weller/Benz*, AG 2015, 467 (474f.); *Koch*, AktG, 17. Aufl. 2023, § 76 Rn. 86.

[377] *Arnold/Herzberg/Zeh*, AG 2021, 141 (142); *Häller/Hoegen*, ZVglRWiss 120 (2021), 209 (218ff.).

geltenden § 87 Abs. 1 AktG möglich; insofern ist keine gesetzgeberische Maßnahme angezeigt.

10. Systemkohärenz

a) Unionsrechtskonformität

aa) Art. 114, 191 ff. AEUV und Grundfreiheiten

Der Bundesgesetzeber hätte die Kompetenz zur Einführung einer Klimaquote. Zwar hat die EU in den zwei einschlägigen Regelungsbereichen, Binnenmarkt (Art. 114 AEUV) [378] und Umweltpolitik (Art. 191 AEUV)[379], eine weitreichende Zuständigkeit, Maßnahmen und Rechtsakte zu beschließen. Allerdings handelt es sich nicht um ausschließliche, sondern um geteilte Zuständigkeiten (Art. 2 Abs. 2, 4 Abs. 2 lit. a und e AEUV). Dies entspricht der konkurrierenden Gesetzgebungskompetenz in Deutschland, sodass die Mitgliedstaaten bei dem Vorliegen einer geteilten Zuständigkeit dann tätig werden können, wenn und soweit dies seitens des EU-Gesetzgebers noch nicht geschehen ist. Selbst wenn letzteres der Fall wäre, könnten die Mitgliedstaaten unter den Voraussetzungen von Art. 114 Abs. 5 und 193 AEUV strengere Klimaschutzmaßnahmen erlassen. Die Klimaquote wäre schließlich mit den Grundfreiheiten, namentlich der Niederlassungsfreiheit (Art. 49ff., 54 AEUV), vereinbar.[380]

bb) Vereinbarkeit mit dem EU-Emissionshandelssystem

Das Emissionshandelssystem stellt keine abschließende Regelung dar, die weitergehenden nationalen Klimaschutzmaßnahmen entgegenstünde. Dies erhellt Erwägungsgrund Nr. 7 EU-Klimagesetz, wonach *alle* Wirtschaftszweige zur Erreichung der Treibhausgasneutralität bis 2050 beitragen sollen, unabhängig von ihrer Erfassung im Emissionshandelssystem der Union (EU-EHS). Des Weiteren stellt Erwägungsgrund 23 der EHS-Richtlinie den Emissionszertifikatehandel als bloßen *Teil* eines Maßnahmenpakets dar. Nicht zuletzt spricht hierfür auch Art. 15 CSDDD. Dieser unterscheidet nicht zwischen Unternehmen im oder außerhalb des EU-EHS, statuiert aber dennoch eine Pflicht aller adressierten Unternehmen zur Treibhausgasminderung. Ungeachtet dessen sollten nationale Regelungen aufgrund des *effet utile* (Art. 4 Abs. 3 EUV) freilich so

---

[378] Auf diese Binnenmarktkompetenz aus Art. 114 AEUV stützen sich sowohl die CSRD als die CSDDD, COM(2021) 189 final S. 6; COM(2022) 71 final S. 10.

[379] Die sog. LULUCF-VO und die Emissionshandelsrichtlinie (EHS-RL) stützen sich auf Art. 191 AEUV: COM(2021) 554 final S. 5; COM(2021) 551 final S. 8.

[380] Näher *Weller,* Unionsrechtskonformität einer Klimaquote für Großunternehmen, 2024.

systemkonform konzipiert sein, dass sie der EHS-RL nicht zuwiderlaufen.

cc) Ökonomische Vereinbarkeit mit dem Emissionshandel

Die Klimaquote ist auch in ökonomischer Hinsicht mit dem Emissionsrechtehandel vereinbar. Zwar führt die Setzung von Anreizen zur Reduktion von Treibhausgasemissionen im Erfolgsfall marktwirtschaftlich dazu, dass auch die Nachfrage nach Emissionsrechten sinkt. Die damit einhergehende Preissenkung für Emissionsrechte wäre kontraproduktiv, da diese wiederum zu höheren Emissionen verleitet.[381] Einem solchen zweckwidrigen Leerlaufen des Emissionsrechtehandels lässt sich indes durch eine entsprechende Anpassung des Caps oder – wie bereits geschehen – durch Erhöhung des CO_2-Mindestpreises begegnen.[382]

dd) Vereinbarkeit mit der CSRD

Die Klimaquote bringt für die erfassten Gesellschaften keinen nennenswerten zusätzlichen Aufwand bezüglich der Ermittlung der Treibhausgasbilanz ihres Geschäftsmodells mit sich. Denn nach der seit 2024 geltenden CSRD, welche die Bilanz-RL weiterentwickelt, müssen diese Gesellschaften ohnehin in ihrem Lagebericht zur Klimatransformation Stellung nehmen. Insbesondere müssen sie nach Art. 19a Abs. 2 lit. a Ziff. iii Bilanz-RL nF angeben,

> „*wie das Unternehmen beabsichtigt sicherzustellen, dass sein Geschäftsmodell und seine Strategie mit dem Übergang zu einer nachhaltigen Wirtschaft und der Begrenzung der Erderwärmung auf 1,5 °C im Einklang mit dem […] Übereinkommen von Paris […] und dem [im EU-Klimagesetz] verankerten Ziel der Verwirklichung der Klimaneutralität bis 2050 vereinbar sind.*“

Dabei sollen nach Art. 19a Abs. 2 lit. f Ziffer ii. Bilanz-RL nF auch die „wichtigsten tatsächlichen oder potenziellen negativen Auswirkungen, die mit der *Wertschöpfungskette* des Unternehmens“ verknüpft sind, beschrieben werden. Insofern sind die hier adressierten Gesellschaften ohnehin verpflichtet, ihre *Scope 1, 2* und *3*-Emissionen intern zu ermitteln und extern zu ihnen Stellung zu nehmen.

ee) Vereinbarkeit mit der geplanten CSDDD

Die vorgeschlagene Klimaquote harmoniert ferner bestens mit der CSDDD. Denn deren Art. 15 sieht bereits einen von den Unternehmen aufzustellenden und umzusetzenden *Übergangsplan* vor. Insofern wäre der hier vorgeschlagene *Klimatransformationsplan*

---

[381] *Steuer,* ZEuP 2024 (im Erscheinen); *Goulder/Schein,* Climate Change Economics 1 (2013), 16f.

[382] *Steuer,* ZEuP 2024 (im Erscheinen).

eine antizipierte Richtlinienumsetzung. Nur die Klimaquote würde ein wenig über den Wortlaut des Art. 15 CSDDD hinausgehen, würde sich formal aber ohne Weiteres im Rahmen des Richtlinienumsetzungsspielraums bewegen. Und in materieller Hinsicht brächte die Klimaquote – wenn Gesellschaften ohnehin einen Klimatransformationsplan aufstellen müssen – keine nennenswerte neue Regulierung mit sich, da sich in ihr letztlich nur eine jahresbezogene Konkretisierung der angedachten Transformationsschritte manifestiert.

ff) Vereinbarkeit mit der Green Claims- und der Empowering Consumers-RL

Mit zwei geplanten Richtlinien – der Green Claims-Richtlinie[383] (im Folgenden GC-RL) und der Empowering Consumers-Richtlinie[384] (im Folgenden EmpoCo-RL) – möchte die EU dem Problem des Greenwashing begegnen.[385] Die Richtlinien sollen die Zulässigkeit von „Umweltaussagen", welche auf der Kompensation von Treibhausgasemissionen beruhen, regeln. Den Begriff der „Umweltaussage" soll die EmpoCo-RL definieren, welche die UGP-RL[386] erneuern wird: Nach deren Art. 1 Abs. 1 (o) wäre eine Umweltaussage jegliche Aussage, die *keine nach EU-Recht oder nationalem Recht zwingende* Aussage ist und die darlegt oder impliziert, dass ein Produkt, eine Produktkategorie, eine Marke oder ein Gewerbetreibender positive oder keine Auswirkungen auf die Umwelt hat. Da nach § 76a AktG nF die Festlegung und Veröffentlichung von Klimaquote und Klimatransformationsplan jedoch nach nationalem Recht zwingend wären, lägen keine Umweltaussagen iSd GC-RL und der EmpoCo-RL vor; beide Richtlinien stünden dem Regelungsvorschlag „Klimaquote" mithin nicht entgegen.

b) Konformität mit dem Grundgesetz und dem KSG

Die Klimaquote würde besonders gesellschaftsrelevante private Akteure – die börsennotierten und mitbestimmten Gesellschaften – bei der vom Bundesverfassungsgericht angemahnten frühzeitigen und iterativen Transformation der Gesamtgesellschaft hin zur Klimaneutralität einbinden.[387] Mit ihr würde zugleich das KSG als

---

[383] COM(2023) 166 final.

[384] Proposal for a directive as regards empowering consumers for the green transition through better protection against unfair practices and better information, 2022/0092 (COD).

[385] Hierzu *Steuer,* ZRP 2023 (204); *Steuer,* GRUR 2024 (im Erscheinen).

[386] Richtlinie 2005/29/EG über unlautere Geschäftspraktiken von Unternehmen gegenüber Verbrauchern im binnenmarktinternen Geschäftsverkehr.

[387] BVerfG, NJW 2021, 1723, Leitsatz 2: „Art. 20a GG verpflichtet den Staat zum Klimaschutz. Dies zielt auch auf die Herstellung von Klimaneutralität."

Rahmengesetz sektorübergreifend mit Leben gefüllt. Sie wäre nach unserer Überzeugung ein regelrechter „Booster" im Kampf gegen den Klimawandel.

II. Rechtsformzusatz „klimaneutral"

Die Nachhaltigkeit ist inzwischen zu einem Leitprinzip der Privatrechtsgesetzgebung erwachsen.[388] Damit einher geht die Frage, ob das deutsche Gesellschaftsrecht mit seinen bisherigen Gesellschaftstypen und Rechtsformen[389] einen hinreichenden Rahmen für „nachhaltiges Unternehmertum" bereitstellt.[390] Diesbezüglich ist im Lichte des Klimaschutzes die Einführung eines ergänzenden Rechtsformzusatzes „klimaneutral" in einem neuen § 20 HGB zu empfehlen[391] **(unter 1.)**. Die Begründung dafür ist vielseitig: Der gesetzliche *numerus clausus* an Rechtsformen bedingt, dass der Legislative eine besondere Beobachtungs- und Anpassungsverantwortung obliegt.[392] Sie hat periodisch zu evaluieren, ob im Rechtsverkehr Bedarf für eine neue Rechtsform erwächst **(unter 2.)**. Vor diesem Hintergrund wird derzeit rechtspolitisch diskutiert, die Rechtsformpalette um eine GmbH mit gebundenem Vermögen (GmbH mgV) oder eine inländische *Benefit Corporation* nach US-amerikanischem Vorbild zu erweitern **(unter 3.)**. Alternativ ist eine transversale, *allen* Rechtsformen offenstehende Regelungstechnik denkbar, die einer Gesellschaft bei Vorliegen der entsprechenden Voraussetzungen einen bestimmten „gesetzlichen Status"[393] *(legal status*[394]*)* verleiht **(unter 4.)**. Dem deutschen Gesetzgeber wird – internationalen Vorbildern folgend – empfohlen, Gesellschaften mit doppelter Zwecksetzung *(profit & purpose)* eine gesellschaftsrechtliche Regelung zur Verfügung stellen. Dabei sollte er indes den „Purpose" auf den Klimaschutz konzentrieren **(unter 5.)**. Zieht man Bilanz, sprechen zahlreiche Argumente für die Einführung eines gesellschaftstypenübergreifenden, ergänzenden Rechtsformzusatzes „klimaneutral" **(unter 6.)**. Für die regelungstechnische

---

[388] *Schirmer,* Nachhaltiges Privatrecht, 2023; *Hellgardt/Jouannaud,* AcP 2022, 163; *Schön,* ZfPW 2022, 207.

[389] Zum „Zoo" der Gesellschaftsformen *Fleischer,* ZIP 2023, 1505.

[390] *Mittwoch,* aaO, S. 240ff., 271f.

[391] Siehe bereits *Zimmermann/Weller,* ZHR 187 (2023), 594 (624ff.).

[392] *Fleischer,* ZIP 2023, 1505 (1509).

[393] *Fleischer,* ZIP 2023, 1505 (1511).

[394] *OECD,* Policy Guide on Legal Frameworks for the Social and Solidarity Economy, 2023, S. 45ff., "The main advantage of a label or *legal status* is the recognisability for the general public and the legal certainty for SSE entities."; *Liptrap,* J.Corp. L. Stud. 20 (2020), 495 (496).

Ausgestaltung sollte man sich an Erkenntnisse aus der Rechtsvergleichung anlehnen **(unter 7.)**. Die Green Claims-Richtlinie und die Empowering Consumers-Richtlinie stehen einem solchen Rechtsformzusatz nicht entgegen **(unter 8.)**.

1. Regelungsvorschlag

In Anlehnung an die französische *société à mission* sollte das deutsche Gesellschaftsrecht einen transversalen (gesellschaftstypenübergreifenden) Rechtsformzusatz „klimaneutral" für alle registrierten Rechtsformen in einem § 20 HGB nF anbieten.[395] Auch wenn dieser Rechtsformzusatz gesellschaftsrechtlich verankert wird (Satzungsklausel, Verantwortung der Geschäftsleitung), sollte es sich nicht um eine auf nur einen Gesellschaftstyp beschränkte Rechtsform*variante* handeln, wie es die UG im Verhältnis zur GmbH eine ist. Es ginge vielmehr um einen „gesetzlichen Status"[396], der *allen* Gesellschaftsformen offensteht und sich in einem zusätzlichen Rechtsformzusatz manifestiert, zB in Gestalt von „GmbH (klimaneutral)".

§ 20 HGB nF (Entwurf) – Rechtsformzusatz „klimaneutral"

(1) *Eine Gesellschaft, die klimaneutral ist, darf den Rechtsformzusatz „klimaneutral" führen, wenn folgende Voraussetzungen erfüllt sind:*
- *a) Die Gesellschaft muss sich in der Satzung oder im Gesellschaftsvertrag zur Klimaneutralität verpflichten.*
- *b) Die Klimaneutralität muss in der Satzung oder dem Gesellschaftsvertrag einem Ressort der Geschäftsleitung zugeordnet werden.*
- *c) Die Satzung oder der Gesellschaftsvertrag müssen vorsehen, dass sich das Geschäftsmodell der Gesellschaft weit überwiegend auf klimaneutrale Produkte oder Dienstleistungen bezieht.*
- *d) Für das vorangegangene Geschäftsjahr muss eine Bestätigung der Klimaneutralität von einem Abschlussprüfer oder von einem unabhängigen Erbringer von Bestätigungsleistungen vorliegen. In der Bestätigung sind Art, Umfang, sowie Ergebnis der Prüfung bestehender Klimaneutralität zusammenzufassen.*
- *e) Die Bestätigung und der Rechtsformzusatz sind im Gesellschaftsregister (§ 707 BGB nF), im Handelsregister (§ 8 HGB) oder im Partnerschaftsregister (§ 5 PartGG) zu veröffentlichen.*

---

[395] Hierzu *Zimmermann/Weller*, ZHR 2023, 187 (2023), 594 (633 f.).
[396] *Fleischer*, ZIP 2023, 1505 (1511).

(2) *Die Klimaneutralität bezieht sich auf Scope 1 und 2-Emissionen der Gesellschaft. Die Definition der Scope 1 und 2-Emissionen in Annex II der Delegierten Verordnung 2023/2772/EU*[397] *gilt entsprechend. Eine Gesellschaft ist klimaneutral, wenn sie im Prozess ihrer Klimatransformation der Reduktion von Emissionen Vorrang vor deren Kompensation gegeben hat und die Wahl einer etwaigen Emissionskompensation begründet hat.*

2. Rechtsformwahlfreiheit und ihre Grenzen

Die konkrete Rechtsformwahl gehört zu den zentralen Weichenstellungen, die bei der Unternehmensgründung zu treffen sind. Die in Deutschland herrschende Freiheit der Rechtsformwahl ist inzwischen international.[398] Sie umfasst nicht nur Gesellschaftsformen des deutschen Rechts, sondern nach dem heutigen Stand des Internationalen Gesellschaftsrechts[399] auch solche aus anderen EU-/EWR-Staaten[400] sowie u.a. aus den USA.[401] Man könnte daher meinen, wenn es eine ausländische Rechtform gäbe, die den inländischen Nachhaltigkeitserwartungen genügte, müsste der „Zoo der Gesellschaftsformen in Deutschland“ [402] nicht erweitert werden. Dies griffe allerdings zu kurz. So sind die Gesellschaftstypen des deutschen Rechts aufgrund ihrer Signalfunktion, Sprache und dem auf sie anwendbaren deutschen Recht für den inländischen Markt von besonderer Bedeutung. Sie können insofern nicht ohne Weiteres durch Auslandsrechtsformen substituiert werden, wie nicht zuletzt die Statistik erhärtet. Nach einem zwischenzeitlichen Boom der englischen Limited als Vehikel für kleinere Inlandsunternehmen ist – nicht erst seit dem Brexit – die Begeisterung für den Einsatz von Auslandsrechtsformen im Inland verflogen.[403] Aufgrund der sprachlichen Hürden und der Notwendigkeit einer Rechtsberatung, Rechnungslegung und Wirtschaftsprüfung nach dem anwendbaren *ausländischen* Gesellschafts- und Bilanzstatut ist die Administration einer Auslandsrechtsform meist kostenaufwendiger als die Leitung einer Inlandsgesellschaft.

Entscheidend ist mithin die inländische Rechtsformpalette. Diese ist indes wegen des *numerus clausus* an Gesellschaftstypen limitiert. Daher sollte der Gesetzgeber das geltende Recht periodisch

---

[397] Delegierte Verordnung 2023/2772/EU zur Ergänzung der Richtlinie 2013/34/EU in Bezug auf Standards für die Nachhaltigkeitsberichterstattung vom 31.7.2023, C(2023) 5303 final.

[398] *Weller*, Europäische Rechtsformwahlfreiheit und Gesellschafterhaftung, 2004.

[399] Hierzu BeckOGK/*Großerichter/Zwirlein-Forschner*, Int. GesR, 2023, Rn. 2 ff.

[400] BGH, NJW 2003, 1461; MüKoGmbHG/*Weller*, 4. Aufl. 2022, Einl. Rn. 378.

[401] BeckOGK/*Großerichter/Zwirlein-Forschner*, Int. GesR, 2023, Rn. 21.

[402] Treffender Aufsatztitel von *Fleischer*, ZIP 2023, 1505.

[403] *Seeger*, DStR 2016, 1817 (1818).

evaluieren.[404] Er kann damit zum einen den jeweils kontemporären Unternehmensgründungsmotiven und zum anderen den internationalen Entwicklungen Rechnung tragen. Derartige Überlegungen haben 2008 in Reaktion auf den Rechtsformwettbewerb mit der englischen Limited zur Einführung der „Unternehmergesellschaft (haftungsbeschränkt)" in § 5a GmbHG geführt.[405] Im Lichte der Klimadebatte scheint die Zeit reif für eine erneute Modernisierung des Rechtsformangebotes.[406] Im Folgenden werden diesbezüglich potentielle Regelungsmodelle – eine Nachhaltigkeitsrechtsform **(unter 3.)** oder aber ein ergänzender Rechtsformzusatz **(unter 4.)** – skizziert.

3. Rechtsformen für Nachhaltigkeit

Intensiv diskutiert wird insbesondere die Einführung einer neuen Rechtsform oder Rechtsformvariante für Nachhaltigkeit.[407] Denn was es seinerzeit für die USA hieß, gilt heute für Deutschland: Es fehlt an einem spezifischen Rechtsrahmen für gewinnorientierte Unternehmen, die zugleich einen nachhaltigen Zweck verfolgen (sog. „hybride Unternehmen").[408] Zur Debatte stehen namentlich eine Gesellschaft mit gebundenem Vermögen **(unter a))** oder eine deutsche Benefit Corporation **(unter b))**.

a) Gesellschaft mit gebundenem Vermögen (GmbH gebV)

Ein aus der Wissenschaft kommender Vorschlag einer *Gesellschaft mit beschränkter Haftung und gebundenem Vermögen* (nachfolgend: GmbH gebV), den die Politik aufgreifen möchte[409], will *nachhaltige* Unternehmensführung sicherstellen[410]: Um kurzfristiges Gewinnstreben unattraktiv zu machen, soll den Gesellschaftern ein

---

404 *Fleischer,* ZIP 2023, 1505 (1509).

405 Vgl. BT-Drs. 16/6140, 74.

406 Eher zurückhaltend *VGR-Arbeitskreis Aktienrechtsreform,* AG 2024 (im Erscheinen).

407 Hierzu bereits *Zimmermann/Weller,* ZHR 187 (2023), 594 ff.

408 *Clark et al.,* The Need and Rationale for the Benefit Corporations, S. 28, abrufbar unter: https://growthorientedsustainableentrepreneurship.files.wordpress.com/2016/07/gv-white-paper-need-and-rationale-for-benefit-corporations.pdf.

409 *SPD/Die Grünen/FDP,* Koalitionsvertrag 2021–2025, „Mehr Fortschritt wagen", S. 25: „Für Unternehmen mit gebundenem Vermögen wollen wir eine neue geeignete Rechtsgrundlage schaffen […]."

410 *Sanders/Dauner-Lieb/von Freeden/Kempny/Möslein/Veil,* Entwurf eines Gesetzes für die Gesellschaft mit beschränkter Haftung mit gebundenem Vermögen, 2020; *Sanders/Dauner-Lieb/Kempny/Möslein/Veil,* GmbHR 2021, 285 Rn. 2: „Das Projekt steht im Kontext einer weltweiten Debatte um nachhaltiges Unternehmertum."; kritisch *Grunewald/Hennrichs,* NZG 2020, 1201; *Hüttemann/Rawert/Weitemeyer,* npoR 2020, 296.

Anspruch auf Gewinnausschüttung verwehrt werden.[411] Die Besonderheit der GmbH gebV ist mithin die namensgebende Vermögensbindung *(capital lock)*[412], die durch verschiedene Instrumente dauerhaft abgesichert wird.[413]

Nachhaltigkeit meint hier bei Lichte besehen indes allein eine wertneutrale Langfristigkeit, mithin eine rein *zeitliche* Nachhaltigkeit, die sich infolge der dauerhaften Vermögensbindung ergibt.[414] Dagegen kann Nachhaltigkeit bei der GmbH gebV angesichts ihrer Zweckoffenheit weder im ökologischen noch im sozialen Sinn verstanden werden.[415] Pointiert: Wer Verbrennungsmotoren unter Ausnutzung von Arbeitskräften in Niedriglohnländern herstellen will, dem steht die GmbH gebV ebenso zur Verfügung wie derjenigen, die zu fairen Löhnen Solarzellen produziert.[416] Damit fällt die GmbH gebV jedoch aus der Zeit: Die Verkehrserwartung mit Blick auf „Nachhaltigkeit" hat sich in den letzten Jahren verschoben; heute steht deren ökologische und soziale Komponente im Vordergrund. Eine GmbH gebV, die unter Nachhaltigkeitsflagge segelte, liefe daher auf eine Irreführung des Rechtsverkehrs hinaus.[417] Die GmbH gebV ist damit kein Regelungsinstrument, deren Einführung dem Gesetzgeber im Kampf gegen den Klimawandel empfohlen werden könnte.

b) Benefit Corporation (USA)

Die Gesellschaftsrechte zahlreicher US-Bundesstaaten kennen die Rechtsform der *Benefit Corporation.* Zwei Regelungsmodelle stehen hier Pate: Ein Modellgesetz namens *Model Benefit Corporation Legislation* (MBCL)[418] und das *Delaware Public Benefit Corporation Law.*[419] Sie weisen einheitliche Strukturelemente auf, die sich für eine rechtsvergleichende Inspiration eignen:[420]

---

[411] https://www.gesellschaft-mit-gebundenem-vermoegen.de/der-gesetzesentwurf/ (überarbeitete Version 2021).

[412] *Sanders/Dauner-Lieb/Kempny/Möslein/Veil,* GmbHR 2020, R228 (R229).

[413] Gemäß § 77f Abs. 2 GmbHG-E steht der Jahresüberschuss (allein) der Gesellschaft zu. Nach § 77g Abs. 2 GmbHG-E darf das Gesellschaftsvermögen nicht ohne vollwertige Gegenleistung an die Gesellschafter ausgeschüttet werden. Bei Liquidation steht der Erlös nicht den Gesellschaftern zu (§ 77l Abs. 2 GmbHG-E).

[414] Insofern missverständlich *Sanders,* NZG 2021, 1573, die im Zusammenhang mit der GmbH gebV auf die „großen ökologischen und sozialen Herausforderungen" unserer Zeit hinweist.

[415] Ebenso *Mittwoch,* aaO, S. 256 ff., 260.

[416] *Zimmermann/Weller,* ZHR 187 (2023), 594 (603).

[417] *Schirmer,* ZEuP 2023, 327, insb. 340 ff.

[418] *Alexander,* Benefit Corporation, 2017, S. 63; *Fleischer,* AG 2023, 1, 4.

[419] Delaware General Corporation Law (DCGL), Title 8, Chapter 1, Subchapter XV, abrufbar unter https://delcode.delaware.gov/title8/c001/sc15/.

[420] *Clark/Babson,* William Mitchell Law Review 38 (2012), 818 (838); *Hemphill/Cullari,* Business and Society Review 119 (2014), 519; *Hiller,* Journal of Business Eth-

aa) Statutarische Verpflichtung auf Gemeinwohlbelange

Das zentrale Strukturelement der *Benefit Corporation* besteht in einer Satzungsklausel, welche die Gesellschaft neben ihrem eigentlichen Zweck zugleich auf Gemeinwohlbelange verpflichtet.[421] Die gesetzlich vorgegebene duale Zwecksetzung aus *profit & purpose* gilt als ihr gesellschaftsrechtliches Proprium.[422] Der *„public benefit"* als „purpose" wird weit verstanden.[423] Zugleich darf die *Benefit Corporation* gewinnorientiert tätig sein.[424] Eine Priorisierung zwischen *profit* und *purpose* wird nicht vorgenommen.[425] Die *Benefit Corporation* unterliegt keinem *capital lock,* sondern darf Gewinne an die Anteilseigner ausschütten.[426] Dies unterscheidet sie von der deutschen gemeinnützigen GmbH; anders als diese ist die Benefit Corporation aber auch nicht steuerprivilegiert.[427]

bb) Gemeinwohlorientierte Geschäftsleitungspflichten

Der duale Profit & Purpose-Zweck der *Benefit Corporation* spiegelt sich in den Geschäftsleitungspflichten wider, die an drei Maßstäben zu messen sind[428]: Die *Directors* sind dazu verpflichtet, (1.) die Gewinnerzielungsinteressen der Gesellschafter, (2.) die Interessen der vom Verhalten der Gesellschaft betroffenen Stakeholder *und* schließlich (3.) den satzungsmäßigen Gemeinwohlzweck auszubalancieren.[429] Für den Fall von Zielkonflikten finden sich indes

---

ics 118 (2013), 287 (291 f.); *Segrestin/Hatchuel/Levillain,* Journal of Business Ethics 171 (2021), 1 (6); zum *benefit report* und *benefit director Möslein/Mittwoch,* RabelsZ 2016, 399 (433); näher *Zimmermann/Weller,* ZHR 187 (2023), 594 (617 ff.).

[421] § 362 lit. a Satz 3 DCGL.

[422] *Fleischer,* ZIP 2023, 1505 (1513).

[423] Beispielhaft in § 362 lit. b Satz 1 DGCL: „(b) ‚Public benefit' means a positive effect (or reduction of negative effects) on 1 or more categories of persons, entities, communities or interests (other than stockholders in their capacities as stockholders) including, but not limited to, effects of an artistic, charitable, cultural, economic, educational, environmental, literary, medical, religious, scientific or technological nature."

[424] *Fleischer,* ZIP 2022, 345 (351); *Montgomery,* Business Law Today, Juli 2016, 1.

[425] § 362 lit. a Satz 2 DGCL: „To that end, a public benefit corporation shall be managed in a manner that balances the stockholders' pecuniary interests, the best interests of those materially affected by the corporation's conduct, and the public benefit or public benefits identified in its certificate of incorporation."; *Murray,* American University Business Law Review Vol. 2:1 (2012), 1, 27.

[426] *Möslein/Mittwoch,* RabelsZ 80 (2016), 399 (426).

[427] *Blodgett/Petterson/Segal,* NYU Journal of Law and Business 17 (2021), 233 (251): wesentlicher Unterschied zum Nonprofit-Sektor.

[428] *Murray,* aaO, 22: „The benefit corporation statutes expressly require the consideration of various non-shareholder stakeholders, unlike the typical permissive constituency statute."

[429] § 365 lit. a DGCL: „The board of directors shall manage or direct the business and affairs of the public benefit corporation in a manner that balances the pecuniary interests of the stockholders, the best interests of those materially affected by the corporation's conduct, and the specific public benefit or public benefits identified in its certificate of incorporation."

keine hierarchisierenden Vorgaben des Gesetzgebers.[430] Gegenüber am Gemeinwohlzweck interessierten außenstehenden Dritten ist eine Haftung wegen unternehmerischer Fehlentscheidungen grundsätzlich ausgeschlossen.[431] Gegenüber Anteilsinhabern ist zwar im monistischen US-Leitungssystem eine Haftung denkbar, allerdings profitieren die *Directors* hier von einer großzügigen *business judgment rule.*[432]

cc) Gemeinwohlorientierte Transparenzpflichten

Ein – gerade vor den Hintergrund nur eingeschränkter Klagerechte entscheidendes – Instrument zur Absicherung der Gemeinwohlorientierung sind Transparenzpflichten. *Benefit Corporations* haben einen Bericht zur Verfolgung des in der Satzung genannten Gemeinwohlzwecks zu erstellen.[433] Unter dem Recht von Delaware kann die Satzung vorsehen, dass der Bericht sich an externen Standards einer *Third Party* zu orientieren hat und gegebenenfalls eine regelmäßige Zertifizierung durch Dritte erforderlich ist.[434] In anderen Bundesstaaten und MBCL[435] ist ein Rückgriff auf eine externe, unabhängige Normierungseinrichtung vorgeschrieben.[436]

dd) Benefit Directors

Das Gesellschaftsrecht einiger US-Bundesstaaten sieht besondere *Benefit Directors* vor.[437] Deren Aufgabe ist es unter anderem, die Entscheidungen der Geschäftsleitung zu überwachen und Stellungnahmen abzugeben, die Eingang in die Berichte der *Benefit Corporation* finden. Abgerundet wird das personelle Instrumentarium zur

---

430 Zu Zielkonflikten, sofern man Geschäftsleitungspflichten (auch) an ESG-Zielen ausrichtet, *Weller/Fischer,* ZIP 2022, 2253 (2261 ff.).

431 *Alexander,* aaO, 94; *Fleischer,* ZIP 2022, 345, 352.

432 § 365 lit. b DGCL: „A director of a public benefit corporation shall not, by virtue of the public benefit provisions or § 362(a) of this title, have any duty to any person on account of any interest of such person in the public benefit or public benefits identified in the certificate of incorporation or on account of any interest materially affected by the corporation's conduct and, with respect to a decision implicating the balance requirement in subsection (a) of this section, will be deemed to satisfy such director's fiduciary duties to stockholders and the corporation if such director's decision is both informed and disinterested and not such that no person of ordinary, sound judgment would approve."

433 § 366 lit. b DGCL. Ausweislich § 366 lit. c (1) und (2) DGCL kann die Satzung vorsehen, dass die Erstellung häufiger erfolgt und der Bericht auch der Öffentlichkeit zur Verfügung gestellt wird.

434 § 366 lit. c (3) DGCL.

435 *Alexander,* aaO, 99.

436 Vgl. *Murray,* The Tennessee Journal of Business Law 23 (2022), 505 (506); *Möslein/Mittwoch,* RabelsZ 80 (2016), 399 (421).

437 Näher *Colombo,* Texas A&M Law Review 7 (2019), 73 (91 f.); *Fleischer,* AG 2023, 1 (7).

Sicherung der Gemeinwohlberücksichtigung durch die in einigen Bundesstaaten vorgesehene Möglichkeit, ergänzend einen *Benefit Officer* zu bestellen, der die Geschäftsleitung unterstützende Tätigkeiten ausübt.[438]

4. Rechtsformzusatz für Nachhaltigkeit

a) Société à mission (Frankreich)

Ein mit der *Benefit Corporation* verwandter, aber nicht identischer Regelungsansatz findet sich in Frankreich. Dort wurde mit der *société à mission* für Unternehmen die Möglichkeit eingeführt,[439] ein durch den Gesetzgeber legitimiertes Gemeinwohlsiegel zu erlangen.[440] Das „PACTE-Gesetz" (2019)[441] ergänzt insofern Artikel 176 code de commerce um die Artikel L. 210-10 bis L. 210-12. Trotz ihrer Eigenschaft als Rechtsformzusatz weist die *société à mission* ähnliche Strukturelemente auf wie die *benefit corporation:* Es muss ein Zweck *(raison d'être)* in der Satzung definiert werden; zusätzlich müssen mit diesem Zweck im Einklang stehende soziale oder ökologische Ziele in die Geschäftsordnung aufgenommen werden. Ferner muss das Unternehmen einen „Missionsausschuss" einsetzen, der den Fortschritt bei der Erreichung dieser Ziele überwacht. Zusätzlich muss eine unabhängige dritte Partei die Erfüllung des Auftrags überprüfen. Der Status *„société à mission"* wird sodann im Handelsregister *(registre du commerce et des sociétés)* eingetragen.

b) Rechtsformübergreifender gesetzlicher Status

Die Grenzen zwischen Rechtsformvariante und rechtsformübergreifendem gesetzlichen Status sind freilich fließend: So modifiziert die *Public Benefit Corporation* im Recht von Delaware einzelne Regeln einer bestehenden Kapitalgesellschaft.[442] Umgekehrt kommt auch die französische *société à mission* nicht ohne zwingende Mindestanforderungen an die Verfassung der Gesellschaft aus.[443] Ihnen ist mithin gemeinsam, dass Nachhaltigkeitsbelange über *gesellschaftsrechtliche* Regelungen gefördert werden.

---

[438] *Colombo,* Texas A&M Law Review 7 (2019), 73, 92 f.

[439] Loi n° 2019-486 du 22 mai 2019 relative à la croissance et la transformation des entreprises (sog. Loi PACTE).

[440] Hierzu *Barsan/Hertslet,* IWRZ 2019, 256; *Bochmann/Leclerc,* GmbHR 2021, 1141; *Fleischer/Chatard,* NZG 2021, 1525.

[441] Loi n° 2019-486 du 22 mai 2019 relative à la croissance et la tranformation des entreprises.

[442] *Fleischer,* AG 2023, 1 (6).

[443] *Fleischer/Chatard,* NZG 2021, 1525 (1527 f.).

5. Bedarf für eine gesellschaftsrechtliche Regelung „klimaneutral"

Eine spezifische Regelung für Gesellschaften mit dualem Zweck – Gewinnorientierung und Klimaschutz – gibt es in Deutschland bislang nicht. Das deutsche Gesellschaftsrecht eröffnet zwar Personen- und Kapitalgesellschaften eine weitgehende Gestaltungsfreiheit, die es den Gesellschaftern ermöglicht, den Gesellschaftszweck durch eine entsprechende Satzungsklausel klimaneutral auszurichten.[444] Solche unternehmensindividuellen Kautelargestaltungen bieten dem Markt aber kein hinreichend verlässliches und transparentes Signal, um Gesellschaften mit klimafreundlichem Geschäftsmodell von ihren sich lediglich „grün gerierenden", tatsächlich aber treibhausgasintensiven Pendants zu unterscheiden.

a) Notwendigkeit eines vertrauenswürdigen Signallings

Für klimafreundliche Unternehmen ist die Kommunikation ihrer nachhaltigen Tätigkeit nach außen von essentieller Bedeutung, nicht zuletzt unter Marketingaspekten gegenüber Konsumenten, für die Personalakquise und zur Information von Investoren.[445] Umgekehrt steigt mit wachsender Nachhaltigkeitssensibilität des Marktes die Nachfrage nach Informationen über die Klimafreundlichkeit einer unternehmerischen Tätigkeit stetig an.[446] Ein kommunikatives Hemmnis besteht dabei allerdings darin, dass der Rechtsverkehr Selbstaussagen zum Klimaschutz (teils zu Recht, teils zu Unrecht) skeptisch begegnet.[447] Diese Skepsis erschwert es tatsächlich klimaneutralen Unternehmen, sich positiv abzuheben.[448] Das führt zu dem bereits von *Akerlof* am Beispiel des *markets for lemons* identifizierten Problem[449]: Wirklich nachhaltigkeitsorientierte Unternehmen finden immer weniger Abnehmer und werden mit der Zeit vom Markt verdrängt.[450]

---

444 *Habersack,* AcP 220 (2020), 594 (646): daher kein Handlungsbedarf.

445 Nachweise aus der ökonomischen Literatur bei *Zimmermann/Weller,* ZHR 2023, 187 (2023), 594 (626).

446 *Schirmer,* ZEuP 2023, 326 (337); *Mittwoch,* aaO, S. 240, 241; *Clark et al.*, aaO, S. 3.

447 Institut für Nachhaltige Entwicklung der Züricher Hochschule Winterthur, CSR-Monitor 2006, S. 30.

448 *Colombo*, Texas A&M Law Review 7 (2019), 73, 109.

449 Grundlegend *Akerlof,* The Market for „Lemons": Quality Uncertainty and the Market Mechanism, The Quarterly Journal of Economics Vol. 84 No. 3, 1970, 488 (495): „The presence of people who wish to pawn bad wares as good wares tends to drive out the legitimate business."

450 *Schirmer,* ZEuP 2023, 326 (339); *Steuer,* ZRP 2023, 204 (206).

Zwar gibt es bereits viele *private* Zertifizierungen, die klimaschützendes Verhalten labeln.[451] Da diesen jedoch die staatliche Autorität fehlt, sind sie weniger signalkräftig als ein gesetzlicher Status.[452] Auch die zahlreichen Berichtspflichten, die aus der Bilanz-RL erwachsen, helfen dem Problem nicht ab. Denn sie führen zu sehr unterschiedlichen und komplexen Unternehmensberichten, die sich nur schwer vergleichen lassen.[453] Es bleibt deshalb ein dringender Bedarf für eine gesellschaftsrechtliche Regelung[454], die klimaneutrales Wirtschaften mit staatlicher Autorität versieht und nach außen kennzeichnet.[455]

b) Effizienz durch Standardsetzung

Die Einführung einer neuen Rechtsform(-variante) oder eines Rechtsformzusatzes hätte noch einen weiteren Vorteil, nämlich den der Effizienz durch Standardsetzung. Mit der Bereitstellung eines dispositivgesetzlichen Rahmens und damit einer entsprechenden Typisierung verringert sich der Beratungsbedarf gegenüber individuellen Kautelarlösungen.[456]

c) Konzentration auf „Klimaneutralität"

aa) Konturenschärfe

Das Signalling muss allerdings, wenn es wirken soll, konturenscharf sein und sollte daher auf die Klimaneutralität konzentriert werden.[457] Diese lässt sich als Rechtsbegriff klar definieren.[458] Demgegenüber sind die Begriffe „nachhaltig", „benefit", „Gemeinwohl" oder „mission" so weit, dass sie alles und nichts adressieren. Danone etwa, eine französische *société à mission,* verfolgt im Rahmen ihrer *mission* den Zweck, *„health"* und *„planet"* zu schützen.[459] Als rechtlicher Beurteilungsmaßstab, an dem sich etwaige Fortschritte messen ließen, sind diese *missions* zu vage. Für die britische *Community Interest Company (CIC)* regelt Sec. 35(3) Companies Act (2004)[460], dass ein in der Satzung angegebener Zweck im gemeinschaftlichen Interesse (im *community interest*) ist, wenn ein Durchschnittsbürger die zu diesem Zweck durch die Gesellschaft ausgeübte Tätigkeit als Nutzen

---

451 *Burgi/Möslein,* Zertifizierung nachhaltiger Kapitalgesellschaften, 2021.
452 *Schirmer,* ZEuP 2023, 326 (341); ähnlich *Fleischer,* ZIP 2022, 345 (347).
453 *Schön,* ZfPW 2022, 207 ff.
454 Zum Signalling via Gesellschaftsrecht *Fleischer,* ZIP 2022, 345 (346).
455 Ähnlich *Schirmer,* ZEuP 2023, 326 (342); *Möllers,* ZHR 2021, 881 (919).
456 *Alexander,* Benefit Corporation, S. 155; *Fleischer,* ZIP 2022, 345 (346).
457 Vgl. bereits *Zimmermann/Weller,* ZHR 187 (2023), 594 (632).
458 *Supra* F.III.
459 https://www.danone.de/nachhaltigkeit.html.
460 https://www.legislation.gov.uk/ukpga/2004/27/section/35.

für die Gemeinschaft ansieht.[461] Auch das ist zu breit. Eine ähnliche Unschärfe gilt selbst noch für den engeren Begriff des Klimaschutzes, der vielfältige Aspekte in sich vereint. Demgegenüber ist der Zustand der „Klimaneutralität“ klar berechen- und ermittelbar. Daher sollte sich das Signalling auf die Klimaneutralität konzentrieren.

bb) Vermeidung von Zielkonflikten

Eine Fokussierung des Benefit- bzw Mission-Modells auf die Klimaneutralität ist nicht nur für die Beurteilungseignung notwendig; sie ist auch erforderlich, um Zielkonflikte zu vermeiden.[462] Denn der Begriff „Benefit/Mission“ umfasst, vergleichbar dem der Nachhaltigkeit[463], eine Vielzahl heterogener Interessen. Diese können in konkreten Entscheidungssituationen in Widerspruch zueinander geraten (zB umweltfreundliche Automatisierung oder Arbeitsplatzerhalt).[464] Für eine Auflösung des Zielkonfliktes wäre dann eigentlich erforderlich, dass sich die erwarteten Wirkungen in einer einheitlichen Größe messen und vergleichen lassen.[465] Das ist aber gerade bei ideellen Gemeinwohlinteressen kaum leistbar.[466]

Zudem führt eine Vielzahl von Gemeinwohlbelangen dazu, dass das wahre Entscheidungsmotiv der Geschäftsleitung *ex post* kaum zu identifizieren ist und daher eine Verantwortungsdiffusion droht (sog. *too many masters*-Problem).[467] Je mehr Gemeinwohlmotive neben der Gewinnerzielung als berücksichtigungsfähig konkurrieren, desto einfacher wird es für die Geschäftsleitung, eine gewinnmaximale Lösung zu wählen, die zugleich durch irgendeinen Gemeinwohlbelang gedeckt ist.[468] Mit etwas philologischem Geschick dürften sich die meisten Entscheidungen gemeinwohlbezogen rechtfertigen lassen.[469] Um zu verhindern, dass verschiedene Gemeinwohlbelange gegeneinander ausgespielt werden, ist es daher notwendig, den Gesellschaftszweck – neben der Gewinnerzielung – von vornherein auf die Klimaneutralität festzulegen.[470]

---

[461] „An object stated in the memorandum of a company is a community interest object of the company if a reasonable person might consider that the carrying on of activities by the company in furtherance of the object is for the benefit of the community.“

[462] Siehe bereits *Zimmermann/Weller*, ZHR 187 (2023), 594, 630ff. (632).

[463] *Supra* B.III.

[464] *Weller/Fischer*, ZIP 2022, 2253 (2261ff.).

[465] *Schön*, ZfPW 2022, 207 (230ff.).

[466] *Murray*, American University Business Law Review Vol. 2:1 (2012), 1, 31f.

[467] *Kuntz*, FS Hopt, 2020, 653 (674); *Schön*, ZfPW 2022, 207 (230); *Möllers*, ZHR 2021, 881 (901).

[468] Vgl. *Dorff/Hicks/Solomon*, Harvard Law Review 11 (2021), 113 (135).

[469] *Berle*, Harvard Law Review 45 (1932), 1165 (1167): „When the fiduciary obligation of the corporate management and ‚control‘ to stock holders is weakened or eliminated, the management and ‚control‘ become for all practical purposes absolute.“

[470] *Zimmermann/Weller*, ZHR 187 (2023), 594 (630ff.).

d) Nachfrage nach gesellschaftsrechtlichen Nachhaltigkeitsprodukten

Durch die Einführung einer gesellschaftsrechtlichen Regelung, welche dem Rechtsverkehr verlässlich die Klimaneutralität einer Gesellschaft signalisiert, können Nachhaltigkeit und insbesondere der Klimaschutz gefördert werden.[471] So erfreut sich die *Benefit Corporation* in den USA einer beachtlichen Nachfrage.[472] Dies verwundert nicht, kombiniert sie doch auf pragmatische Weise das klassische Gewinnerzielungsinteresse mit dem modernen Gemeinwohlgedanken. Sie dient damit Nachhaltigkeit im Sinne ökologisch-sozialer Gerechtigkeit. Auch die *société à mission* erfährt große Aufmerksamkeit – Stand 2023 waren es bereits 1604 Unternehmen, die diesen gesetzlichen Status trugen.[473] Ein solcher Rechtsformzusatz ist im deutschen Recht bislang nur bei Gemeinnützigkeit im Sinne der Abgabenordnung (AO)[474] in Form einer „gGmbH" gemäß § 4 S. 2 GmbHG[475] oder einer „gAG"[476] gestattet. Eine entsprechende Regelung für Gesellschaften mit dualem Zweck – Gewinnorientierung und Klimaneutralität – gibt es bislang nicht.

6. Anwendungsbereich des Rechtsformzusatzes „klimaneutral"

Vor diesem Hintergrund ist die Einführung eines zusätzlichen Rechtsformzusatzes „klimaneutral" in Gestalt einer firmenrechtlichen Lösung zu empfehlen. Diese soll im Folgenden skizziert werden.

a) Firmenrechtliche Lösung

Der Rechtsformzusatz „klimaneutral" sollte nicht als Rechtsformvariante (zB nicht als spezielle GmbH wie die UG in § 5a GmbHG), sondern gesellschaftstypenübergreifend als gesetzlicher Status im

---

[471] *Zimmermann/Weller,* ZHR 187 (2023), 594 (632 ff.).

[472] Bereits 5 Jahre nach der ersten Einführung einer Benefit Corporation im Bundesstaat Maryland im Jahr 2010 gab es über 2500 Unternehmen, die mit der Rechtsform „Benefit Corporation" agierten, *Berrey,* How Many Benefit Corporations Are There?, Mai 2015, abrufbar unter http://ssrn.com/abstract=2602781.

[473] Liste des Sociétés à Mission, Stand der Daten 5.12.2023, abrufbar unter https://societeamission.com/liste-societes-a-mission/. Im Jahr 2021 waren es erst 208, *Fleischer/Chatard,* NZG 2021, 1525 (1529).

[474] Gemeinnützigkeit erfordert ein vollständig selbstloses Handeln im Sinne des § 52 Abs. 1 S. 1 AO, *Binnewies/Hertwig,* AG 2020, 739 (740).

[475] Dabei handelt es sich allerdings nicht um eine gesellschaftsrechtliche Sonderform, sondern um eine reguläre GmbH, die wegen der Verfolgung steuerprivilegierter Zwecke einen ergänzten Rechtsformzusatz tragen darf, MüKoGmbHG/*Fleischer,* 4. Aufl. 2022, § 1 Rn. 29.

[476] Schüppen/Schaub/*Ritter,* Münchener Anwaltshandbuch Aktienrecht, 3. Aufl. 2018, § 55 Rn. 21.

Firmenrecht geregelt werden. Dafür streitet, *erstens,* dass die Einführung einer neuen Rechtsform(variante) zu aufwendig wäre, weil sie einer höheren Begründungslast unterläge als eine bloße firmenrechtliche Ergänzung des Rechtsformzusatzes.[477] *Zweitens* stünde durch die firmenrechtliche Lösung die Verwendbarkeit des Status „klimaneutral" *allen* Rechtsformen – Kapital- und Personengesellschaften – offen. Kein klimaneutrales Unternehmen müsste sich demnach zuvor in eine andere Gesellschaftsform umwandeln, um als „klimaneutral" firmieren zu dürfen.[478]

b) Kapital- und Personengesellschaften

Bislang wird bei Personengesellschaften zwar nicht so intensiv über Nachhaltigkeitsfragen diskutiert wie bei Kapitalgesellschaften. Dieser Umstand lässt sich dadurch erklären, dass letztere eine größere volkswirtschaftliche Dimension aufweisen, was ihnen eine stärkere „Breitenwirkung auf Öffentlichkeit und Unternehmenslandschaft" verleiht.[479] Allerdings spricht dies allenfalls dagegen, Personengesellschaften mit *in die Pflicht* zu nehmen (daher keine Verpflichtung zur Festsetzung einer Klimaquote für Personengesellschaften); optionale *Anreize,* sich klimafreundlicher zu verhalten, kann man ihnen aber sehr wohl anbieten.[480] Schon jetzt setzen sich einige Personengesellschaften freiwillig Nachhaltigkeitsziele.[481] Auch sehen wir ein erhebliches Signalling-Potential für Personengesellschaften, welche die Klimaneutralität als Marketinginstrument für ihr Kunden- oder Personalrecruitement nutzen könnten; man denke bei letzterem an arbeitnehmerstarke Anwaltssozietäten in der Rechtsform einer „Partnerschaftsgesellschaft (klimaneutral)".

7. Gesellschaftsrechtliche Absicherung

Die Einführung eines gesellschaftstypübergreifenden Rechtsformzusatzes „klimaneutral" ist indes nur dann erfolgreich, wenn das damit verbundene Signalling auch verlässlich ist.[482] Dafür muss es

---

[477] Zu den Anforderungen an eine Reformgesetzgebung im Gesellschaftsrecht *Benz,* Symbiotische Gesellschaftsrechtsentwicklung, 2024.

[478] *Schirmer,* ZEuP 2023, 326 (348): Viel spreche „für einen rechtsformneutralen Akkreditierungszusatz".

[479] *Koch,* ZPG 2023, 321 (323).

[480] So auch *Koch,* ZPG 2023, 321 ff.

[481] Siehe zB *Vaude GmbH & Co. KG,* Nachhaltigkeitsbericht 2023, abrufbar unter https://nachhaltigkeitsbericht.vaude.com.

[482] *Connelly/Certo/Ireland/Reutzel,* Journal of Management 37 (2011), 39 (45, 53) mit dem Hinweis darauf, dass es keine profitablen unzutreffenden Signale geben dürfe: „Thus, to maintain their effectiveness, the costs of signals must be structured in such a way that dishonest signals do not pay" (...) "signal fit und signal honesty".

erstens klar und zweitens wahrheitsgemäß sein.[483] Die Ausflaggung der Klimaneutralität sollte entsprechend *gesellschaftsrechtlich* abgesichert werden.[484]

a) Verankerung der Klimaneutralität in der Satzung

Angelehnt an die Strukturmerkmale der *Benefit Corporation* und der *société à mission* sollte sich das Unternehmen für die Erlangung des Status „klimaneutral" in der Satzung zur Klimaneutralität verpflichten.[485] So können Unternehmen die Stabilität ihrer Selbstverpflichtungen auch nach außen garantieren.[486]

b) Geschäftsmodell: Klimaneutrale Produkte oder Dienstleistungen

Zusätzlich zur Klimaneutralität, die sich – wie bereits gezeigt – an den *Scope 1*- und *2*-Emissionen bemisst,[487] sollte der Rechtsformzusazu „klimaneutral" nur geführt werden dürfen, wenn das Geschäftsmodell der Gesellschaft weit überwiegend auf klimaneutrale Produkte oder Dienstleistungen setzt. Diese partielle Einbeziehung der *Scope 3*-Emissionen ist zur Verhinderung einer Marktenttäuschung bei bestimmten Unternehmenstypen erforderlich: So haben etwa Zwischenhändler von fossilen Produkten (zB Öl- oder Erdgasintermediäre) oder Hersteller von emissionsintensiven Gütern (zB Automobilhersteller) typischerweise geringe *Scope 1*- und *2*-Emissionen; für sie ließe sich Klimaneutralität mit vergleichsweise moderaten Anstrengungen erreichen. Gleichzeitig machen die *Scope 3*-Emissionen der von ihnen vertriebenen Produkte den Löwenanteil ihrer Treibhausgasemission aus.[488]

Von Verbrauchern kann nicht erwartet werden, dass sie die verschiedenen *Scopes* auseinanderhalten,[489] sie werden von einem als

---

[483] Bislang gibt es noch keine einheitliche Terminologie zur Kennzeichnung belastbarer Signale, *Connelly/Certo/Ireland/Reutzel,* Journal of Management 37 (2011), 39 (52).

[484] *Zimmermann/Weller,* ZHR 187 (2023), 594 (628 ff.).

[485] *Notat/ Senard,* L'entreprise, objet d'intérêt collectif, 2018, S. 68.

[486] *Notat/ Senard,* aaO.

[487] *Supra* F.III.2.

[488] *Carbon Disclosure Project,* Technical Note: Relevance of Scope 3 Categories by Sector, Version 2.0 vom 25.1.2023, S. 6, 49, abrufbar unter https://cdn.cdp.net/cdp-production/cms/guidance_docs/pdfs/000/003/504/original/CDP-technical-note-scope-3-relevance-by-sector.pdf; *Statista,* Anteil der Scope-3-Emissionen an den Gesamtemissionen nach Branche in 2021, 14.4.2023, abrufbar unter https://de.statista.com/statistik/daten/studie/1364908/umfrage/anteil-der-scope-3-emissionen-an-den-ghg-emissionen/#:~:text=Scope%203%20verursacht%20laut%20Berechnungen,75%25%20der%20Gesamtemissionen%20von%20Unternehmen.

[489] Dies zeigen eine Reihe lauterkeitsrechtlicher Verfahren wegen der Werbung mit Klimaneutralität bzw. klimaneutralen Produkten, die die *DUH* derzeit führt,

„Gesellschaft klimaneutral" firmierenden Unternehmen auch klimaneutrale Produkte und Dienstleistungen erwarten. Zur Gewährleistung des Marktvertrauens und der Signalling-Wirkung des Rechtsformzusatzes sollte daher neben der Klimaneutralität (*Scope 1*- und *2*-Emissionen) auch ein Geschäftsmodell mit *weit überwiegend* klimaneutralen Produkten oder Dienstleistungen (*Scope 3*-Emissionen) gefordert werden. „Weit überwiegend" ist ein in § 326 Abs. 2 S. 1 BGB verwendeter Rechtsbegriff; er würde einen Anteil klimaneutraler Produkte und Dienstleitungen von über 80 Prozent voraussetzen.[490]

c) Verantwortlichkeit der Geschäftsleitung

Ferner sollte die Klimaneutralität einem Ressort der Geschäftsleitung zugeordnet werden (§ 20 I b HGB nF). Damit wird der Geschäftsleitung, ähnlich den Bestimmungen zur *Benefit Corporation,*[491] ausdrücklich die Zweckumsetzung anvertraut. Es wird so sichergestellt, dass *profit & purpose,* mithin Klimaneutralität und Gewinnerzielungsabsichten, bei Leitung des Unternehmens insgesamt in einem angemessenen Verhältnis zueinander stehen und gleichermaßen berücksichtigt werden.

d) Transparenz und externe Prüfung

Offenlegungspflichten (§ 20 Abs. 1d) HGB nF) tragen dazu bei, dass auch der Markt Informationen zu Verfügung gestellt bekommt. Die Marktteilnehmer werden dadurch in die Lage versetzt, selbst zu würdigen, ob und inwiefern die Klimaneutralität hinreichend belastbar begründet wird.[492]

Zu empfehlen ist darüber hinaus eine Kontrolle durch eine externe, unabhängige Stelle.[493] Entsprechend sieht der Reglungsvorschlag in § 20 Abs. 1c) HGB nF die Prüfung durch einen Abschlussprüfer oder einen unabhängigen Erbringer von Bestätigungsleistungen (zB den TÜV) vor. Diesbezügliche Prüfstandards existieren aufgrund der Neuartigkeit der Regelung zwar bisher noch nicht, werden sich allerdings – wie die Erfahrungen zu den Berichts- und Prüfungs-

---

https://www.duh.de/fileadmin/user_upload/download/Projektinformation/Verbraucher/Klimaneu-tralität/2023-07_25_Übersicht_DUH_laufende_Verfahren_Klimaneutralität.pdf.

[490] Vgl. Grüneberg/*Grüneberg*, 83. Aufl. 2024, BGB § 326 Rn. 9.

[491] *Supra* G.II.3.b).

[492] Vgl. *infra* G.II.8. zu den Anforderungen an Klimaneutralität durch die Green Claims-RL.

[493] Ähnlich *Fleischer,* ZIP 2022, 345 (346 f.); dazu, dass Signale erst durch Signalkosten verlässlich werden, *Connelly/Certo/Ireland/Reutzel,* Journal of Management 37 (2011), 39 (45).

pflichten der durch die CSRD neugefassten Bilanz-RL erhellen – rasch am Markt etablieren.

Dass nicht notwendigerweise ein Abschlussprüfer den Bestätigungsvermerk erteilen muss hat den Vorteil, dass der Rechtsformzusatz auch für Kleinunternehmen zugänglich sein soll, die normalerweise keinen Abschlussprüfer benötigen. § 20 HGB nF könnte dabei als punktuelle Möglichkeit genutzt werden, um den bisher auf Abschlussprüfer konzentrierten Markt für andere Erbringer von Bestätigungsleistungen zu öffnen.

e) Kein capital lock

Fraglich ist, ob es zusätzlich eines *capital* oder *asset lock* in Form einer vollständigen oder teilweisen Ausschüttungssperre bedarf. Manche meinen, andernfalls könne der gemeinnützige Zweck konterkariert werden.[494] Einige EU-Mitgliedstaaten sehen in ihrem Recht zu sozialem Unternehmertum zumindest ein teilweises Ausschüttungsverbot vor.[495] Auch für die *Community Interest Company* ist ein solcher in Sec. 30(1) UK Companies Act 2004 vorgesehen. Dahinter steht die Überlegung, Gewinne sollten nicht für andere als den sozialen Unternehmenszweck genutzt werden, insbesondere nicht zur Vermögensmaximierung der Gesellschafter.

Der transversale Rechtsformzusatz „klimaneutral“ unterscheidet sich allerdings in einem Punkt erheblich von den angeführten Rechtsformen/-varianten für soziales Unternehmertum. Es geht hier nämlich nicht im gleichen Sinne um die kontinuierliche Verfolgung eines guten Zwecks. Denn der Rechtsformzusatz „klimaneutral“ kann überhaupt erst dann erlangt werden, wenn der Zustand der „Klimaneutralität“ bereits erreicht ist. Dieser Status muss dann „nur noch“ aufrechterhalten werden, was nach einmal erfolgter Umstellung auf Klimaneutralität in der Regel keine zusätzlichen transformativen Investitionen erfordern dürfte. Es gibt daher ein weitaus geringeres Risiko der Zweckverfehlung als bei einem *purpose*, an dem kontinuierlich weiterzuarbeiten ist.

f) Keine Steuervorteile

Ob Unternehmen, die den Rechtsformzusatz „klimaneutral“ tragen, steuerliche Vorteile genießen sollten, ist keine Frage des Gesellschaftsrechts. Steuervorteile wären zwar ein denkbares (weiteres) Instrument, das Erreichen von Klimaneutralität zu fördern. Jedoch wären sie nicht systemkohärent. Denn Sinn und Zweck des ergän-

---

[494] So *Schirmer,* ZEuP 2023, 326 (346 f.).

[495] https://www.europarl.europa.eu/RegData/etudes/STUD/2017/583123/IPOL_STU(2017)583123_EN.pdf S. 24.

zenden Klimarechtsformzusatzes ist gerade die hybride Ausrichtung der Gesellschaft *(profit & purpose)* unter Beibehaltung ihres Gewinnstrebens. Die *Benefit Corporation* etwa genießt daher aufgrund ihrer auch gewinnorientierten Ausrichtung keine steuerlichen Vorteile, ebensowenig die *société à mission.*[496] In Deutschland sind an eine Rechtsform geknüpfte steuerliche Vorteile der gemeinnützigen Gesellschaft (gGmbH oder gAG) vorbehalten. Dabei sollte es bleiben.

8. Vereinbarkeit mit der Green Claims-RL und der EmpoCo-RL

Die geplante GC-RL[497] und die angedachte EmpoCo-RL[498] statuieren Anforderungen an die Nutzung der Formel „klimaneutral" im Geschäftsverkehr.[499] Der ergänzende Rechtsformzusatz „klimaneutral" fällt allerdings nicht in den Anwendungsbereich der EmpoCo-RL. Diese trifft nämlich nur Regelungen zu *produktbezogenen,* nicht jedoch zu *unternehmensbeogenen* Werbeaussagen.[500] Dagegen wird der optionale Rechtsformzusatz „klimaneutral" gemäß Art. 1 GC-RL als Umweltaussage[501] erfasst, die Gewerbetreibende gegenüber Verbrauchern entweder über Produkte oder *über sich selbst* treffen.[502] Die GC-RL zählt in ihrem ErwG 21 den Begriff „klimaneutral" als potentiell irreführend auf, trifft allerdings kein Verbot zur Nutzung dieses Begriffs, sondern regelt in ihrem Art. 3 vielmehr Anforderungen an seine Verwendung.

Art. 3 GC-RL statuiert, dass jeder Gewerbetreibende eine spezifische Bewertung durchführt, um Umweltaussagen wie „klimaneutral" zu begründen. Aus ErwG 21 wird deutlich, dass der Emissions-

---

[496] *Lourdeau,* Sociétés à Mission, 2019, abrufbar unter https://www.village-justice.com/articles/societes-mission-deux-ans-apres-quel-est-bilan-loi-pacte-date-mai-2019-mais,40718.html.

[497] COM(2023) 166 final.

[498] Proposal for a directive as regards empowering consumers for the green transition through better protection against unfair practices and better information, 2022/0092 (COD).

[499] Mit „Klimaneutralität" darf nicht irreführend im Zusammenhang mit *Carbon-Offsetting* geworben werden, ErwG 11a EmpoCo-RL-Entwurf. Carbon Offsetting ist die zertifikatsbasierte Förderung von Klimaschutzprojekten, die den Treibhausgasausstoß kompensieren.

[500] So etwa ErwG 11a: "Such claims can only be allowed when they are based on the actual lifecycle impacts of the *product* in question, and not based on greenhouse gas emissions offsetting outside the *product's* value chain, as the former and the latter are not equivalent." (Hervorhebungen durch *Verf.*).

[501] Definiert *supra* F.I.6.a)dd).

[502] Art. 1 Abs. 1 Green Claim-RL-Entwurf: „Diese Richtlinie gilt für ausdrückliche Umweltaussagen, die Gewerbetreibende über Produkte oder über Gewerbetreibende im Zusammenhang mit Geschäftspraktiken von Unternehmen gegenüber Verbrauchern treffen."

reduzierung Vorrang vor der Kompensation einzuräumen ist; wird dennoch eine Kompensation gewählt, ist diese transparent darzustellen. Insbesondere sind alle Kompensationen als zusätzliche Umweltinformationen separat auszuweisen, wobei u. a. anzugeben ist, in welche Projekte durch den Kauf von Kompensationszertifikaten investiert wird.

Da diese vorgenannten Begründungs- und Erklärungspflichten jedoch für alle Umweltaussagen gelten, werden Unternehmen, die den vorgeschlagenenen Rechtsformzusatz „klimaneutral" nutzen, nicht schlechter gestellt. Im Gegenteil, jener hat sogar Synergieeffekte für die Bewertung der Klimaneutralitätsaussage nach Art. 3 GC-RL. Denn nach dem vorgeschlagenen § 20 HGB nF können nur solche Unternehmen als klimaneutral firmieren, die vorrangig Emissionen reduziert und etwaige Kompensationen für verbleibende Emissionen begründet haben. Da nach dem Regelungsvorschlag zudem ein Bestätigungsvermerk über die Klimaneutralität von einem externen Prüfer ausgestellt werden soll, liegt es nahe, diesen für die Konformitätsprüfung nach Art. 3 GC-RL heranzuziehen.

III. Klimagovernance

Zur guten Unternehmensführung gehört nicht nur ein Compliance-System, welches darauf abzielt, Gesetzesverstöße – nicht zuletzt im Bereich der Nachaltigkeitsregulierung – zu verhindern.[503] Aufgabe der Corporate Governance ist es auch, Organe und Prozesse so zu strukturieren, dass sie das Geschäftsmodell und dessen Transformation zur Klimaneutralität fördern oder jedenfalls incentivieren. Man könnte von einer *enabling organization* oder – speziell auf das Klima gemünzt – von einer *„Climate Corporate Governance"*[504] sprechen. Zur Implementierung einer solchen Klimagovernance sind verschiedene legislative Neujustierungen zwar nicht auf Ebene des Vorstands **(unter 1.)**, sehr wohl aber auf Ebene von Aufsichtsrat **(unter 2.)** und Hauptversammlung **(unter 3.)** zu empfehlen.

1. Vorstand

a) Keine Änderung der §§ 76, 93 AktG

Die in der Literatur vorgeschlagene Reform des § 76 AktG[505] und/oder des § 93 AktG[506] und die Anreicherung der Leitungs- und

---

[503] *Nietsch*, CCZ 2023, 61, 62; MüKoAktG/*Spindler*, 6. Aufl. 2023, § 91 Rn. 63.
[504] So *Bruno*, ECFR 2019, 687.
[505] *Supra* D.II.1.a).

Sorgfaltspflichten um *ergebnisbezogen* zu berücksichtigende Nachhaltigkeitsbelange würden zwar dem Klimaschutz dienen, gingen allerdings mit einer Überfrachtung des Tagesgeschäftes einher.[507] Bei *allen* Leitungsentscheidungen wären diese Belange dann *mit justitiablem Gewicht* in die vorangehende Abwägung einzustellen.[508] Dies würde nicht nur für Entscheidungen, einen neuen Standort oder eine neue Produktlinie zu erschließen, gelten (wo diese Abwägung angezeigt ist), sondern auch bei täglichen Beschaffungsentscheidungen aller Art, etwa dem Einkauf von Verbrauchs- oder Konsumartikeln für das Unternehmen (zB sanitäre Produkte oder Getränke oder Speisen für die Belegschaft). Wenn bei jeder dieser Entscheidungen eine Klimaabwägung stattzufinden hätte, würde das lediglich der Bürokratie Vorschub leisten und dem Klima – da zu klein skaliert – praktisch nichts bringen. Vorzugswürdig erscheint es, die Anreicherung der Leitungs- und Sorgfaltspflicht um Klimabelange als vorzunehmende *Selbstverpflichtung* der Leitungsorgane auszugestalten. Diese sollten die Gesellschaft generell bis spätestens 2045 klimaneutral auszurichten haben; wie sie dann im *konkreten* Tagesgeschäft dahin gelangen – ob durch eine „große" oder viele „kleine" Entscheidungen und Lösungen – sei aber dann ihnen überlassen. Ein Instrument, das diese Selbstverpflichtung aufgreift, ohne das Tagesgeschäft zu überfrachten, ist die vorgeschlagene Klimaquote.

Eine Ergänzung des Wortlauts der §§ 76, 93 AktG um lediglich *prozedural* zu berücksichtigende Klimabelange – wie sie etwa die *VGR* vorschlägt – würde nur die geltende Rechtslage widerspiegeln.[509] Sie hätte (immerhin) eine an den Klimaschutz appellierende Signalwirkung.[510] Allerdings bestünde bei einer solchen Neuregelung die Gefahr, dass der Unterschied zwischen lediglich prozedural oder aber ergebnisbezogen zu berücksichtigenden Umweltbelangen in der nachfolgenden Diskussion verwischt wird und es dann doch zu der bürokratischen Überfrachtung des Tagesgeschäftes kommt. Die Klimaquote vermeidet diesen Bürokratieaufwand im *day to day business.*

---

506 *Supra* D.II.1.b).

507 Siehe bereits *supra* G.I.3.b).

508 Grundlegend zur Abgrenzung von Abwägungsbelangen mit justitiablem Mindestgewicht einerseits und zur lediglich prozeduralen Berücksichtigung solcher Belange andererseits *Harbarth,* AG 2022, 633 (638); dies aufgreifend *Weller/Fischer,* ZIP 2022, 2253 (2260f.).

509 *VGR-Arbeitskreis Aktienrechtsreform,* AG 2024 (im Erscheinen): „gesetzliche Klarstellung in § 76 Abs. 1 AktG".

510 *VGR-Arbeitskreis Aktienrechtsreform,* aaO.

b) Klimaressort

Im Rahmen seiner Ressortzuschnitts- und Organisationsautonomie hat der Vorstand bereits jetzt die Möglichkeit, klimaspezifische Zuständigkeiten zu schaffen[511], diese auf bestimmte Positionen zu konzentrieren und sodann sichtbar auszuflaggen, etwa als *Chief Sustainability Officer* oder *Chief Climate Officer.*[512] Eine gesetzliche Verpflichtung, bei allen Aktiengesellschaften ein solches Ressort einzuführen, griffe zu weitreichend in die Leitungsautonomie des Vorstandes ein.[513]

2. Aufsichtsrat

Bei Großunternehmen sollte der Gesetzgeber Vorsorge treffen, dass diese auf Ebene des Aufsichtsrats insgesamt über eine gewisse *Klimaexpertise* verfügen **(unter b)**. Ferner sollten sie einen *Klimaausschuss* zu bilden haben **(unter c)**.

a) Regelungsvorschläge

§ 100 Abs. 5 S. 2 AktG nF – Klimaexpertise im Aufsichtsrat

(5) Bei Gesellschaften, die Unternehmen von öffentlichem Interesse nach § 316a Satz 2 des Handelsgesetzbuchs sind, muss mindestens ein Mitglied des Aufsichtsrats über Sachverstand auf dem Gebiet Rechnungslegung und mindestens ein weiteres Mitglied des Aufsichtsrats über Sachverstand auf dem Gebiet Abschlussprüfung verfügen; die Mitglieder müssen in ihrer Gesamtheit mit dem Sektor, in dem die Gesellschaft tätig ist, vertraut sein. *Bei Gesellschaften, die börsennotiert sind oder der Mitbestimmung unterliegen, müssen die Mitglieder in ihrer Gesamtheit über Sachverstand auf dem Gebiet des Klimaschutzes verfügen.*

§ 107 Abs. 5 AktG nF – Klimaausschuss

(5) Der Aufsichtsrat einer Gesellschaft, die börsennotiert ist oder der Mitbestimmung unterliegt[514]*, hat einen Klimaausschuss zu bilden, der sich mit der Transformation der Gesellschaft hin zur*

---

[511] *Koch,* 17. Aufl. 2023, § 77 AktG Rn. 10.

[512] *Fleischer,* DB 2022, 37 (42).

[513] Nur wenn sich die Gesellschaft dazu entscheidet, den Rechtsformzusatz „klimaneutral" zu führen, muss sie den Klimaschutz einem Vorstandsressort zuordnen, *supra* G.II.7.c).

[514] Der Anwendungsbereich entspricht demjenigen im bereits existierenden § 76 Abs. 4 AktG (Geschlechterquote) und demjenigen der hier vorgeschlagenen Klimaquote in einem § 76a AktG nF.

Klimaneutralität, insbesondere mit der Klimaquote und ihrer Umsetzung, befasst. Besteht der Aufsichtsrat nur aus drei Mitgliedern, ist dieser auch der Klimaausschuss.

b) Klimaexpertise (Ergänzung des § 100 Abs. 5 AktG)

In einem § 100 Abs. 5 S. 2 AktG nF sollte die Erforderlichkeit einer Klimaexpertise für den Aufsichtsrat *in seiner Gesamtheit* normiert werden. Nicht zu empfehlen ist demgegenüber der Vorschlag, der anknüpfend an den nach § 100 Abs. 5 Hs. 1 AktG verlangten „Sachverstand auf den Gebieten der Rechnungslegung oder Abschlussprüfung“ *(Financial Expert)*[515] für einen speziellen *Climate* oder *Sustainability Expert* plädiert.[516] Vorzugswürdig ist es in Fortführung einer bereits existierenden DCGK-Empfehlung[517] vielmehr, sich an der *Gesamtexpertise* in § 100 Abs. 5 Hs. 2 AktG zu orientieren und eine entsprechende Regelung gesetzlich zu verankern. Zur Begründung im Einzelnen:

aa) Notwendigkeit einer Klimaexpertise

Im Aufgabenprofil des Aufsichtsratsrats gewinnen Nachhaltigkeits- und Klimafragen enorm an Bedeutung, wie seine wachsenden Zuständigkeiten in diesem Bereich erhellen.[518]

(1.) Kopplung der Vorstandsvergütung an Klimaziele

Jedenfalls seit dem ARUG II hat der Aufsichtsrat die Vergütungsstruktur der Vorstandsmitglieder in börsennotierten Gesellschaften nach § 87 Abs. 1 S. 2 AktG auch auf eine ökologisch nachhaltige Entwicklung der Gesellschaft hin auszurichten.[519] Im Geschäftsjahr 2021 wählten 28 der 40 DAX-Unternehmen die Reduzierung der CO_2-Emissionen als nachhaltigen Parameter für die Bestimmung der Vorstandsvergütung.[520] Zudem hat der Aufsichtsrat der Hauptversammlung nach §§ 87a, 120a AktG ein – auch und gerade in Bezug auf Nachhaltigkeits- und Klimabelange – nachvollziehbares und verständliches Vergütungssystem vorzulegen. Hierfür sollte der

---

515 Hierzu *Koch,* 17. Aufl. 2023, § 100 AktG Rn. 24 ff., 31 ff.

516 *Supra* D.III.1.a).

517 DCGK (2022), Empfehlung D.3: „Das Kompetenzprofil des Aufsichtsrats [sollte] auch Expertise zu den für das Unternehmen bedeutsamen Nachhaltigkeitsfragen umfassen.“

518 *Verse/Tassius,* in: Hommelhoff/Hopt/Leyens, Unternehmensführung, 2024, § 7 Rn. 24.

519 *Arnold/Herzberg/Zeh,* AG 2021, 141 (141); *Hommelhoff,* FS Hopt, 2020, 467 (472); für diese Begriffsauslegung bereits vor dem ARUG II *Ihrig/Schäfer,* Rechte und Pflichten des Vorstands, 2014, Rn. 221.

520 *Beile/Schmid,* Nachhaltige Kriterien in der Vorstandsvergütung, Studie der Hans-Böckler-Stiftung, Mitbestimmungsreport Nr. 75, 2023, S. 1, 9 f.

Aufsichtsrat in der Lage sein, die einschlägigen Nachhaltigkeits- und Klimakennzahlen kompetent zu beurteilen.[521]

(2.) Prüfung der Klimaberichterstattung

Der Aufsichtsrat ist außerdem nach § 171 Abs. 1 S. 4 AktG für die Prüfung der nichtfinanziellen Erklärung und nach Umsetzung der CSRD für die deutlich umfangreichere Nachhaltigkeitserklärung zuständig. Die Informationen, die diesen Erklärungen zugrunde liegen, unterscheiden sich erheblich von denen der üblichen Finanzberichterstattung: Klimabelange beziehen sich regelmäßig auf längere Zeiträume als Finanzkennzahlen und sind deutlich fehleranfälliger in der Erhebung und Auswertung.[522] Darüber hinaus wird die Nachhaltigkeitserklärung samt ihrer Angaben zu Treibhausgasemissionen und Klimaschutz künftig nicht mehr nur formell,[523] sondern mit begrenzter und später hinreichender Prüfsicherheit zu prüfen sein.[524] Dieser Prüfungsmaßstab korrespondiert mit dem der Abschlussprüfer; Aufsichtsrat und Abschlussprüfer sind damit „Dialogpartner".[525] Ausweislich der CSRD sollen Abschlussprüfer eine besondere Ausbildung durchlaufen, um die erforderlichen Kenntnisse im Bereich der Nachhaltigkeitsberichterstattung zu erwerben.[526] Der Aufsichtsrat wird sich zwar auf die Befunde der Abschlussprüfer stützen können, seine Prüfpflicht kann er jedoch nur eigenverantwortlich erfüllen. Korrespondierend sollte es daher auch in Bezug auf den Aufsichtsrat zu einer „grundlegenden Erhöhung der nachhaltigkeitsbezogenen Expertise und Professionalität"[527] kommen. Es spricht mithin viel dafür, auch im Aufsichtsrat eine gewisse Klimaexpertise zu fordern, um ihn als qualifizierten Dialogpartner auf Augenhöhe zu erhalten.

(3.) Überwachung und Beratung in Klimafragen

Unabhängig von der Prüfung der Berichterstattung hat der Aufsichtsrat den Vorstand nach § 111 Abs. 1 AktG zu überwachen und zu beraten.[528] Dies soll nach dem DCGK auch Nachhaltigkeitsfragen umfassen.[529] Die Herausforderungen des Klimawandels machen die Geschäftstätigkeit und damit auch deren Überwachung immer an-

---

[521] *Scheid/Needham,* DB 2020, 1777 (1780).

[522] *Simon-Heckroth/Borcherding,* WPg 2020, 1104 (1105 f.).

[523] So die bislang hM, *Hennrichs/Pöschke,* NZG 2017, 121 (126); *Hecker/Bröcker,* AG 2017, 761 (766).

[524] *Lieder/Döhrn,* AG 2023, 722 (727 f.).

[525] *Lieder/Döhrn,* AG 2023, 722 (728).

[526] ErwG 65 CSRD.

[527] *Scheid/Needham,* DB 2020, 1777 (1781).

[528] MüKoAktG/*Habersack,* 6. Aufl. 2023, § 111 Rn. 12; BeckOGK/*Spindler,* Stand 1.10.2023, AktG § 111 Rn. 12.

[529] *DCGK* (2022), Grundsatz 6.

spruchsvoller.[530] Als „konstruktiv-kritischer Berater" wird der Aufsichtsrat dem Vorstand dabei nur zur Seite stehen können, wenn er fachlich kompetent ist, Klimabelange zu identifizieren und zu bewerten. [531] Besonders deutlich wird dieses Zusammenspiel im Rahmen des hier vorgeschlagenen § 76a Abs. 3 AktG nF, wonach Klimatransformationsplan und -quote dem Aufsichtsrat zur Billigung vorzulegen sind. Der Aufsichtsrat wird die Klimapolitik des Vorstands dabei nur mittragen können und wollen, wenn er über eine hinreichende Klimaexpertise verfügt.

Insgesamt lässt sich festhalten, dass Klimabelange im Aufgabenprofil des Aufsichtsrats erheblich an Bedeutung gewinnen werden. Der Aufsichtsrat hat die Klimapolitik des Vorstands und der Gesellschaft mitzuverantworten und sollte daher eine entsprechende Klimaexpertise aufweisen.

bb) Anwendungsbereich

Die gesteigerten Anforderungen in Klimafragen spielen vor allem für Aufsichtsräte in *börsennotierten* Gesellschaften eine Rolle: Bei diesen muss die Vorstandsvergütung an Nachhaltigkeitsziele gekoppelt werden (§ 87 Abs. 1 S. 2 AktG); auch ist hier nach Umsetzung der CSRD umfänglich über Klima- und Emissionsreduktionsziele zu berichten (Art. 19a Abs. 1 Bilanz-RL nF). Schließlich hätte der Aufsichtsrat die hier empfohlene Klimaquote zu billigen (§ 76a Abs. 3 AktG nF). Daher weisen schon heute zahlreiche Gesellschaften eine Klima- und Nachhaltigkeitsexpertise im Aufsichtsrat aus.[532] Da nach § 76a AktG nF auch *mitbestimmte* Aktiengesellschaften zur Aufstellung von Klimatransformationsplan und -quote verpflichtet sein sollten, wäre es konsequent, das Erfordernis einer Klimaexpertise auch auf diese Unternehmen zu erstrecken.

cc) Gesamtexpertise

Im Gegensatz zur *persönlichen* Expertise eines *Financial Expert* nach § 100 Abs. 5 *Hs. 1* AktG sollte die Klimaexpertise – wie die Expertise für den Sektor, in dem die Gesellschaft tätig ist (§ 100 Abs. 5 *Hs. 2* AktG) – lediglich als *Gesamtexpertise* ausgestaltet sein. Entscheidend ist damit nicht die Kenntnis eines oder gar jedes einzelnen Mitglieds, sondern – unter Betonung des Aufsichtsrats als Kollegialorgan – die des Gremiums in seiner Gesamtheit.[533] Es geht bei der Gesamtexpertise also um eine „Zusammenschau aller Mitglieder", um „ein sachkundiges Gegengewicht

---

530 *VGR-Arbeitskreis Aktienrechtsreform,* AG 2024 (im Erscheinen); *Schmidt,* DB 2020, 233 (240).

531 *Verse/Tassius,* aaO, § 7 Rn. 25; *Lieder,* AG 2023, 722 (729).

532 *Russell Raynolds Associates,* DAX 40-Aufsichtsratsstudie 2022, S. 15.

533 So zur Sektorkenntnis MüKoAktG/*Habersack,* 6. Aufl. 2023, § 100 Rn. 75.

zum Vorstand [zu] bilden".[534] Einen Beitrag zur Klimaexpertise wird dabei schon der *Financial Expert* leisten, da dessen Kompetenzprofil künftig infolge der Umsetzung der CSRD auch die Nachhaltigkeits- und damit die Klimaberichterstattung umfassen wird.[535]

Die gesetzliche Normierung einer Klimaexpertise würde die bereits existierende Empfehlung des DCGK verbindlich fortführen, wonach „das Kompetenzprofil des Aufsichtsrats [...] auch Expertise zu den für das Unternehmen bedeutsamen Nachhaltigkeitsfragen umfassen" soll.[536]

Die Klimaexpertise stünde auch nicht im Widerspruch zu Diversitätsbemühungen bei der Besetzung des Aufsichtsrats:[537] Aufsichtsratsmitglieder mit ausgewiesener Nachhaltigkeitsexpertise sind bislang überwiegend – bei den DAX 40-Unternehmen sogar zu 87 Prozent – weiblich,[538] sodass die Klimaexpertise nicht nur dem Klimaschutz, sondern auch der Diversität im Aufsichtsrat dienen dürfte.

dd) Nachweis der Klimaexpertise

Die Klimaexpertise könnte – wie auch die Sektorexpertise – durch einen „Mix einschlägiger Erfahrungen und Kenntnisse" nachgewiesen werden.[539] Derzeit werden Nachhaltigkeits- und Klimaexpertise vor allem durch Weiterbildungen und einen entsprechenden beruflichen Hintergrund belegt, während akademische Abschlüsse in diesem Bereich noch rar sind.[540] Wie der *Sustainable Finance Beirat* anregt, könnte der DCGK insofern um eine Empfehlung zu entsprechenden Aus- und Fortbildungsmaßnahmen ergänzt werden.[541]

c) Klimaausschuss (Ergänzung des § 107 Abs. 3 AktG)

In börsennotierten oder mitbestimmten Gesellschaften sollte ein Klimaausschuss gebildet werden.[542] Zwar hat der Aufsichtsrat schon nach dem geltenden § 107 Abs. 3 S. 1 AktG die Autonomie, aus

---

[534] BeckOGK/*Spindler,* Stand 1.10.2023, AktG § 100 Rn. 83.

[535] *Lieder/Döhrn,* AG 2023, 722 (729); Hommelhoff/Hopt/Leyens/*Verse/Tassius,* Unternehmensführung durch Vorstand und Aufsichtsrat, 2024, § 7, Rn. 28.

[536] DCGK (2022), Empfehlung D.3.

[537] Vgl. zum *Climate Expert Lieder/Döhrn,* AG 2023, 722 (729); vgl. zur Sektorkenntnis MüKoAktG/*Habersack,* 6. Aufl. 2023, § 100 Rn. 75.

[538] *Russell Raynolds Associates,* DAX 40-Aufsichtsratsstudie 2022, S. 15.

[539] MüKoAktG/*Habersack,* 6. Aufl. 2023, AktG § 100 Rn. 75.

[540] *Hengeler Mueller/Arbeitskreis deutscher Aufsichtsrat e. V.,* Aufsichtsratsstudie 2022, S. 13; *Lieder,* AG 2023, 722 (729); Freiberg/Bruckner/*Velte,* Corporate Sustainability, 2022, § 7 Rn. 48.

[541] *Sustainable Finance Beirat,* Shifting the Trillions. Ein nachhaltiges Finanzsystem für die Große Transformation, 2021, S. 95.

[542] Dies entspricht auch dem Anwendungsbereich der empfohlenen Klimaquote nach § 76a Abs. 1 AktG nF.

seiner Mitte Ausschüsse zu bilden.[543] Dabei kann er auch einen Nachhaltigkeitsausschuss *(Sustainability Board Committee)* ins Leben rufen.[544] *In praxi* machen davon auch immer mehr DAX-Unternehmen Gebrauch.[545] Zur Incentivierung der Klimatransformation sollte dieser Ausschuss jedoch verbindlich durch die *supra* vorgeschlagene Ergänzung des § 107 Abs. 3 AktG vorgegeben werden.

aa) Aufgabenbereich

In Anlehnung an den Prüfausschuss, der dem Gesamtgremium nach § 107 Abs. 3 S. 3 AktG Empfehlungen und Vorschläge zur Gewährleistung der Integrität des Rechnungslegungsprozesses unterbreitet,[546] sollte der Klimaausschuss zu allen Fragen mit Klimabezug eingebunden werden. Der Billigungsbeschluss zum Klimatransformationsplan und zur Klimaquote (§ 76a Abs. 3 AktG nF) sollte zwar nicht gänzlich an den Klimaausschuss delegiert werden; letzterer sollte die Billigung aber vorprüfen.[547] Wie im Fall des Prüfausschusses wäre es überdies unschädlich, dem Klimaausschuss zusätzliche Aufgaben zu übertragen.[548] Daher kann der Klimaausschuss beispielsweise auch Nachhaltigkeitsfragen erörtern und damit die Aufgaben eines (bereits bestehenden) Nachhaltigkeitsausschusses übernehmen.

bb) Besetzung

Für den Klimaausschuss sollten die allgemeinen Grundsätze für Bildung und Besetzung von Aufsichtsratsausschüssen gelten: Die Ausschussmitglieder sind demnach vor allem nach ihrer Sachkunde auszuwählen.[549] Zur Stärkung der Kompetenz des Ausschusses sollten in Anlehnung an § 107 Abs. 4 S. 3 i.V.m. § 100 Abs. 5 AktG zusätzliche Anforderungen an die Sachkunde konkretisiert und jedenfalls die Berufung der Aufsichtsratsmitglieder mit Klimaexpertise nach § 100 Abs. 5 S. 2 AktG nF in den Klimaausschuss verbindlich vorgesehen werden.[550]

---

[543] *Koch,* AktG, 17. Aufl. 2023, § 107 Rn. 18; BeckOGK/*Spindler,* Stand 1.10.2023, AktG § 107 Rn. 94.

[544] *Fleischer,* DB 2022, 37 (42).

[545] *Russell Raynolds Associates,* DAX 40-Aufsichtsratsstudie 2022, S. 16.

[546] BeckOGK/*Spindler,* Stand 1.10.2023, AktG § 107 Rn. 162.

[547] Vgl. zu den Grenzen der Delegationsautonomie MüKoAktG/*Habersack,* 6. Aufl. 2023, § 107 Rn. 102; BeckOGK/*Spindler,* Stand 1.10.2023, AktG § 107 Rn. 94.

[548] MüKoAktG/*Habersack,* 6. Aufl. 2023, § 107 Rn. 175.

[549] MüKoAktG/*Habersack,* 6. Aufl. 2023, § 107 Rn. 117ff.; BeckOGK/*Spindler,* Stand 1.10.2023, AktG § 107 Rn. 176.

[550] Vgl. zum Prüfausschuss MüKoAktG/*Habersack,* 6. Aufl. 2023, § 107 Rn. 176; BeckOGK/*Spindler,* Stand 1.10.2023, AktG § 107 Rn. 187.

3. Hauptversammlung

Schließlich sollten – wie supra[551] sowie an anderer Stelle ausgeführt[552] – die Aktionäre am Prozess der Klimatransformation beteiligt werden; der Gesetzgeber sollte dazu eine *Say on Climate*-Regel einführen. Wenn man dem Vorschlag einer Klimaquote folgte (§ 76a AktG nF), sollte das *Say on Climate* mit dieser Neuregelung abgestimmt werden.

a) Regelungsvorschlag

§ 120b AktG nF (Entwurf) – „Say on Climate"

(1) *Die Hauptversammlung der börsennotierten oder mitbestimmten Gesellschaft beschließt über die Billigung der Klimaquote und des Klimatransformationsplans in seiner aktuellen Fassung nach § 76a AktG, wenn der Vorstand oder Aktionäre, deren Anteile zusammen den zwanzigsten Teil des Grundkapitals erreichen, die Billigung verlangen. Das Verlangen der Aktionäre im Sinne des Satzes 1 muss der Gesellschaft mindestens 30 Tage vor der Versammlung zugehen. Der Beschluss begründet weder Rechte noch Pflichten. Er ist nicht nach § 243 AktG anfechtbar.*[553]

(2) *§ 120a Abs. 2 und 3 AktG gelten entsprechend.*

b) Mitwirkung der Aktionäre bei der Klimatransformation

Im Aktienrecht erwächst aus der steigenden rechtstatsächlichen Bedeutung von Klimathemen das Bedürfnis für besondere Mitwirkungsrechte der Aktionäre.[554] Dies verdeutlicht die neuerdings vermehrt zu beobachtende aktive Nutzung von Eigentumsrechten zu Nachhaltigkeitszwecken in Form des *Shareholder Sustainability Activism.*[555] Insgesamt befassten sich in den USA rund ein Drittel aller *Shareholder Resolutions* in den Jahren 2020–2022 mit Nachhaltigkeitsbelangen.[556] Auch in Deutschland gibt es erste *Say on Climate*-

---

[551] *Supra* D.IV.1.

[552] *Weller/Hoppmann,* AG 2022, 640 (646 f.).

[553] Ähnlich VGR, AG 2022, 239, 243 zur Ergänzung des DCGK um eine neue Empfehlung A.10: "Der Vorstand sollte der Hauptversammlung seinen Plan zum Umgang mit klimaschädlichen Emissionen und deren Reduzierung sowie einen Bericht zu dessen Umsetzung jedenfalls dann zur Billigung vorlegen, wenn Aktionäre, deren Anteile den 20. Teil des Grundkapitals oder den anteiligen Betrag von EUR 500.000 erreichen, dies verlangen."

[554] *Urbain-Parleani,* Revue des sociétés, 2023, 494; *Jaspers,* AG 2022, 145 (146); *Link,* ZGR 2021, 904 (906 f.).

[555] *Albath,* Shareholder Activism, 2022; *Condon,* Washington Law Review 95 (2020), 1; Nietsch/*Vetter,* Nachhaltiges Aktienrecht, 2023, S. 71, 83.

[556] Von 1340 *Shareholder Resolutions* hatten 115 einen Umwelt- und 267 einen sozialen Bezug, *Bakker,* ECFR 2023, 276, 283.

Voten.[557] Allerdings kann bislang nur der Vorstand solche Voten initiieren (vgl. § 119 Abs. 2 AktG), die Aktionäre haben insoweit kein Initiativrecht.[558]

c) Status quo: Rechtsunsicherheit

Vom Vorstand initiierte Vorlagen an die Hauptversammlung finden sich selten; Erfahrungen erhellen, dass § 119 Abs. 2 AktG „praktisch totes Recht" ist.[559] Dies mag daran liegen, dass der Vorstand im Lichte des Haftungsrisikos (resultierend aus der unklaren Rechtslage ob der Zulässigkeit von Konsultationsbeschlüssen), des hohen Aufwands, der zeitlichen Verzögerung und der mitunter reputationsschädlichen Außenwirkung (Vorstandsvorlagen können als „schwach" wahrgenommen werden) nur selten geneigt sein wird, von seinem Vorlagerecht Gebrauch zu machen[560] Daneben werden sich Vorstand und Gesellschaft regelmäßig keinem verbindlichen Hauptversammlungsbeschluss unterwerfen, der ihre Handlungsspielräume kupiert.[561] Schließlich bergen „darunter liegende" Beteiligungsmodelle (Konsultationsbeschlüsse und beschlusslose Klimaaussprache) *de lege lata* – anders als etwa in der Schweiz[562] – ein „Rechtsrisiko".[563] Insbesondere hat sich noch kein einheitlicher Beschlussgegenstand eines *Say on Climate* herausgebildet.[564]

d) *Say on Climate:* Einführung eines neuen § 120b AktG

aa) Anwendungsbereich und Beschlussgegenstand

Empfohlen wird, ein *Say on Climate* in einem neuen § 120b AktG zu regeln.[565] Hiernach sollte der Hauptversammlung von börsennotierten oder mitbestimmten Gesellschaften die Möglichkeit eröffnet werden, über die Billigung der Klimaquote und des Klimatransformationsplans (ggf. in seiner aktualisierten Fassung) zu beschließen. Der Anwendungsbereich entspräche damit dem von § 76a AktG nF,

---

557 *GEA Group AG,* Pressemitteilung vom 12.12.2023; *Merkner,* AG 2024 (im Erscheinen).

558 *Weller/Hoppmann,* AG 2022, 640 (645 f.).

559 *Jaspers,* AG 2022, 145 (150).

560 *Koch,* AktG, 17. Auflage 2023, § 119 Rn. 13c.

561 *Drinhausen,* ZHR 186 (2022), 201 (207); *Harnos/Holle,* AG 2021, 853 (857 f.).

562 § 964c Abs. 1 OR: „Der Bericht über nichtfinanzielle Belange bedarf der Genehmigung und Unterzeichnung durch das oberste Leitungs- oder Verwaltungsorgan sowie der Genehmigung des für die Genehmigung der Jahresrechnung zuständigen Organs."

563 So *Drinhausen,* ZHR 186 (2022), 201 (204).

564 *Vetter,* AG 2023, 564 (565).

565 Als alternativer Regelungsstandort käme auch ein neuer § 122 Abs. 2a) AktG im Zusammenhang mit der Einberufung der Hauptversammlung auf Verlangen einer Aktionärsminderheit in Frage, hierzu *Vetter,* AG 2023, 564 (576).

sodass ein *Say on Climate* nur in Gesellschaften möglich wäre, die ohnehin Klimatransformationsplan und -quote aufstellen müssten. Zum einen wird damit zusätzliche Bürokratie für nicht verpflichtete Gesellschaften vermieden, zum anderen werden die beiden Beschlussgegenstände klar und eindeutig vorgegeben.[566]

bb) Konsultativbeschluss

Bei einem *Say on Climate* sollte es sich um einen (unverbindlichen) Konsultationsbeschluss handeln.[567] Ein den Vorstand bindendes *Decide on Climate* würde dagegen zu tief in die Vorstandsverantwortlichkeit einschneiden.[568] Dagegen ist ein nur konsultativer „Investorendialog" unproblematisch; man wird erwarten können, dass der Vorstand damit umgehen kann.[569] Ein etwaiges ablehnendes Hauptversammlungsvotum wird der Vorstand realistischer Weise im Folgejahr, wenn er Klimaplan und -quote ohnehin aktualisieren müsste, berücksichtigen.[570] Auch die Kompetenz des Aufsichtsrates wird durch das *Say on Climate* nicht unterlaufen oder verwässert[571], zumal dieser nach dem vorgeschlagenen § 76a Abs. 3 AktG nF ohnehin über die Billigung von Quote und Plan beschließen soll. Die Vorlage für einen solchen Konsultativbeschluss sollte das *Say on Pay* in § 120a Abs. 1 S. 2 und 3 AktG liefern[572] („Der Beschluss begründet weder Rechte noch Pflichten. Er ist nicht nach § 243 AktG anfechtbar."). Anfechtungs- oder Nichtigkeitsklagen wären vor dem Hintergrund der Unverbindlichkeit des Beschlusses nicht statthaft.[573]

cc) Fakultativer Beschluss

Das *Say on Climate* nach § 120b AktG nF sollte – wie auch die VGR vorschlägt – als fakultativer Beschluss auf Initiative des *Vorstands* oder einer *qualifizierten Aktionärsminderheit* in Höhe des zwanzigsten Teils am Grundkapital ausgestaltet sein.[574] Mit einem

---

[566] „Der Vorteil formalisierter *Say on Climate*-Beschlüsse wäre, dass der ohnehin erfolgende Einfluss von Aktionären geordnet [und] *auf einer einheitlichen Informationsgrundlage* […] erfolgen würde", *VGR-Arbeitskreis Aktienrechtsreform,* AG 2024 (im Erscheinen).

[567] So auch *VGR-Arbeitskreis Aktienrechtsreform,* AG 2024 (im Erscheinen).

[568] *Drinhausen,* ZHR 186 (2022), 201 (208ff.); *Fleischer,* DB 2022, 37 (45); *Vetter,* AG 2023, 564 (577).

[569] *Vetter,* AG 2023, 564 (572).

[570] Vgl. zur faktischen Berücksichtigung *Gärtner/Himmelmann,* AG 2021, 259 (260).

[571] *Vetter,* AG 2023, 564 (572).

[572] Ebenso *Fleischer,* DB 2022, 37 (45); *Drinhausen,* ZHR 186 (2022), 201 (210).

[573] Zu § 120a AktG *Gärtner/Himmelmann,* AG 2021, 259 (265).

[574] Die Mehrheit des *VGR-Arbeitskreises Aktienrechtsreform* „unterstützt den Vorschlag einer gesetzlichen Regelung, wonach die Hauptversammlung berechtigt ist, zu grundlegenden Geschäftsführungsthemen unter einem eigenständigen Tagesordnungs-

Quorum in Höhe des zwanzigsten Teils am Grundkapital wird außerdem querulantorischen Einzelaktionären entgegengewirkt, die der Hauptversammlung andernfalls die Befassung mit einem *Say on Climate*-Beschluss aufzwängen könnten.[575]

---

punkt Beschlüsse zu fassen, die den Vorstand allerdings nicht binden", hält „eine Beschränkung auf Say-on-Climate-Beschlüsse [aber] nicht für erforderlich", AG 2024 (im Erscheinen); vgl. ferner *Drinhausen,* ZHR 186 (2022), 201 (212).

575 *VGR-Arbeitskreises Aktienrechtsreform,* AG 2024 (im Erscheinen).

H. Thesen und Empfehlungen

I. Klimaschutz und Gesellschaftsrecht

1. Unternehmen zählen zu den wesentlichen Emittenten von Treibhausgasemissionen. Sie verfügen zugleich über die technische und organisatorische Expertise, wie sie ihre Prozesse emissionsärmer strukturieren können. Sie haben insofern eine *corporate climate responsibility.* Daher sollten sie – neben der öffentlichen Hand und privaten Haushalten – in die Klimatransformation der Bundesrepublik mit einbezogen werden.
2. Das öffentliche Klimaschutzrecht stößt unternehmerische Klimatransformationsprozesse bislang nicht hinreichend an. Eine zusätzliche Aktivierung des Gesellschaftsrechts, um im Kampf gegen den Klimawandel einen Beitrag zu leisten, erscheint vielversprechend und angesichts gewandelter Verkehrserwartungen zeitangemessen. Auf EU-Ebene wird das Gesellschaftsrecht mit der CSRD und der CSDDD bereits für eine Klimatransformation der Unternehmen aktiviert. Zu empfehlen ist daher auch für das nationale Recht eine Flankierung des öffentlichen Klimaschutzrechts um ein moderates *corporate climate enforcement.*
3. „Klimaneutralität" ist der gesetzgeberische Leitbegriff (Art. 2 Abs. 2 EU-Klimagesetz, Art. 19a Abs. 2 lit. a Ziff. iii Bilanz-RL nF, Art. 15 Abs. 1 CSDDD, § 15 Abs. 1 S. 1 KSG). Neuerdings adressiert § 18 EnEfG sogar „klimaneutrale Unternehmen".
   a) Vor diesem Hintergrund ist zu empfehlen, auch bei gesetzgeberischen Maßnahmen auf dem Gebiet des Gesellschaftsrechts den Begriff der Klimaneutralität zugrunde zu legen.
   b) Auch wenn die naturwissenschaftliche Definition von Klimaneutralität noch andere physikalische Effekte mit einbezieht, verwendet der europäische Gesetzgeber den Rechtsbegriff der Klimaneutralität komplexitätsreduzierend und typisierend ausschließlich in Bezug auf Treibhausgase. Dieser Rechtsbegriff sollte auch für Unternehmen herangezogen werden.
4. Klimaneutralität ist primär durch *Reduktion* von Treibhausgasemissionen zu erreichen. Eine *Kompensation* von Treibhausgasen durch Erwerb von Zertifikaten aus Entnahme- oder Vermeidungsprojekten ist zulässig, sofern die sog. Zusätzlichkeit der Treibhausgasemissionsreduktion sichergestellt ist und die Wahl der Kompensation statt ihrer Reduktion hinreichend begründet ist. Wenn Gesellschaften Treibhausgasemissionen kompensieren

möchten, sollten sie auf zuverlässige, vom EU-Gesetzgeber näher definierte Zertifizierungsstandards zurückgreifen müssen.

5. Eine Gesellschaft sollte als klimaneutral eingestuft werden, wenn ihre Treibhausgasbilanz bezogen auf *Scope 1* und *2*-Emissionen ausgeglichen ist und die Gesellschaft darlegt, dass sie in dem Prozess ihrer Klimatransformation der Reduktion von Emissionen Vorrang gegeben und die Kompensation der verbleibenden Treibhausgase im konkreten Fall begründet hat.

II. Eine Klimatrias für das Gesellschaftsrecht

6. Das Klimaneutralitätsziel, das sich die EU bis 2050 und die Bundesrepublik bis 2045 gesetzt haben, sollte möglichst freiheitswahrend und marktkonform auf Unternehmen übertragen werden. Hierfür werden drei gesetzgeberische Maßnahmen – eine „Klimatrias für das Gesellschaftsrecht" – angeregt:
   a) eine Klimaquote für Großunternehmen.
   b) ein Rechtsformzusatz „klimaneutral", der allen Kapital- und Personengesellschaften als Signalling-Instrument offensteht.
   c) eine punktuelle Anreicherung der bewährten Corporate Governance um Elemente der Klimagovernance.

III. Klimaquote

7. Für Großunternehmen wird als privatautonomiekonforme Maßnahme in einem neuen § 76a AktG die Einführung einer Klimaquote empfohlen. Es geht dabei um eine vom Vorstand autonom gesetzte Jahreszielgröße zur Verringerung der Treibhausgasemissionen, die nach außen zu veröffentlichen wäre.
8. Grundidee der Klimaquote ist, das Klimaneutralitätsziel der Bundesrepublik auf Großunternehmen zu erstrecken. Diesen sollte dabei lediglich ein Endziel – Klimaneutralität bis zum Jahr 2045 – vorgegeben werden. Sie gewönnen dadurch Planungssicherheit, während ihnen gleichzeitig die Entscheidungsfreiheit belassen würde, mit welchen Maßnahmen und mit welcher Geschwindigkeit sie dieses Ziel erreichen.
9. Die Klimaquote sollte an bereits etablierte Regelungstechniken und existierende unternehmerische Prozesse anknüpfen:
   a) Als Regelungsvorbild empfehlen sich die §§ 76 Abs. 4 AktG, 36 GmbHG, die auf den Gedanken der Selbstverpflichtung (selbstgesetzte Zielgrößen zur Emissionsverringerung) und Transparenz setzen. Der Anwendungsbereich der Klimaquote sollte sich dementsprechend zunächst auf börsennotierte oder mitbestimmte Gesellschaften beschränken.

b) Ferner sollte die Klimaquote auf den Klimaberichtspflichten (CSRD) und der Pflicht zur Erstellung eines „Übergangsplans“ (Art. 15 CSDDD) aufbauen, welche die Unternehmen europarechtlich ohnehin zu erfüllen haben.

10. Die Klimaquote sollte auf eine Verringerung (Reduktion und Kompensation) der *Scope 1-* und *2-*Emissionen zielen, für deren Definition es sich empfielt, auf Annex II der Delegierten Verordnung 2023/2772/EU vom 31.7.2023 zu rekurrieren. *Scope 3-*Emissionen sollten vorerst von der Klimaquote ausgenommen bleiben; für sie sollte lediglich eine Berichtspflicht greifen.

11. Der Klimaquote sollte ein Klimatransformationsplan zugrunde liegen. Dieser wäre von der Unternehmensleitung zu erstellen und jährlich zu aktualisieren. Diese Empfehlung wäre zugleich ein Vorschlag zur Richtlinienumsetzung von Art. 15 CSDDD, der die Erstellung eines „Übergangsplans“ vorschreibt. Endziel des Klimatransformationsplans sollte die Klimaneutralität der Gesellschaft bis spätestens 2045 sein.

12. Für Härtefälle sollte eine begründungsbedürftige Ausnahmeregelung gelten. Ein solcher Härtefall könnte etwa dann vorliegen, wenn die Transformation zur Klimaneutralität bis 2045 eine Gesellschaft in ihrer Existenz oder ihrem Versorgungsauftrag gefährdet.

13. Der Befolgungsanreiz der Klimaquote sollte, ähnlich der Geschlechterquote in § 76 Abs. 4 AktG und § 36 GmbHG, ausschließlich aufgrund von Transparenz und Reputation bestehen. Den Schwächen des Sanktionssystems bei der Geschlechterquote würde insofern Vorschub geleistet, als die Klimaquote eine feste Endzielgröße (Klimaneutralität bis 2045) aufweist. Abgesehen von der allgemeinen Haftung für Sorgfaltspflichtverletzungen (§ 93 Abs. 2 AktG, § 43 Abs. 2 GmbHG), die ohnehin gilt, sollte es keine Sanktionierung bei Verfehlung der mit der Klimaquote selbstgesetzten Emissionsverringerungsziele geben. Insofern sollte man lediglich eine gesteigerte Erklärungspflicht bei Verfehlung der Emissionsverringerungsziele *(comply or explain)* vorsehen.

IV. Rechtsformzusatz „klimaneutral"

14. Die Rechtsformpalette sollte um den gesetzlichen Status der Klimaneutralität erweitert werden, der es einer Gesellschaft erlaubt, mit dem ergänzenden Rechtsformzusatz „klimaneutral“ im Rechtsverkehr aufzutreten, zB „GmbH (klimaneutral)“. Ein denkbarer Regelungsstandort wäre ein neuer § 20 HGB. Grund

dafür ist – sowohl im B2B- als auch im B2C-Verhältnis – ein Bedarf für ein staatlich verifiziertes Signalling, um dem Markt glaubhaft zu signalisieren, dass ein Unternehmen wirklich klimaneutral ist.

15. Der ergänzende Rechtsformzusatz „klimaneutral" sollte gesellschaftstypenübergreifend sowohl Kapital- als auch Personengesellschaften offenstehen.
16. Folgende Voraussetzungen für die Erlangung des Status und des Rechtsformzusatzes „klimaneutral" und seine Eintragung im Gesellschaftsregister (§ 707 BGB), im Handelsregister (§ 8 HGB) oder im Partnerschaftsregister (§ 5 PartGG) sollten in Anlehnung an ausländische Regelungsvorbilder gesellschaftsrechtlich abgesichert sein:
    a) die Gesellschaft sollte sich in der Satzung zur Klimaneutralität und zu einem Geschäftsmodell, das überwiegend auf klimaneutrale Produkte und/oder Dienstleistungen setzt, verpflichten müssen;
    b) der Zustand der Klimaneutralität müsste bereits erreicht sein;
    c) ein Abschlussprüfer oder ein anderer unabhängiger Erbringer von Bestätigungsleistungen (zB TÜV) sollte das Vorliegen der Klimaneutralität jährlich für das vorangegangene Geschäftsjahr prüfen und attestieren; das Ergebnis der Prüfung wäre zu veröffentlichen;
    d) die Klimaneutralität sollte in der Satzung einem Ressort der Geschäftsleitung zugeordnet werden.

V. Klimagovernance

17. Die Leitungs- und Sorgfaltspflichten der §§ 76, 93 AktG sollten *nicht* um ergebnisbezogen zu berücksichtigende Klimabelange ergänzt werden. Ein solche Abwägung der Klimabelange mit justitiablem Gewicht im Rahmen aller (Leitungs-)Entscheidungen würde zu einem erheblichen bürokratischen Mehraufwand führen und gleichzeitig dem Klimaschutz – da er wegabgewogen werden könnte – wenig bringen. Eine Ergänzung der §§ 76, 93, AktG um lediglich prozedural mit zu berücksichtigende Klimabelange hätte dagegen lediglich eine deklaratorische Signalwirkung.
18. Im Aufgabenprofil des Aufsichtsrats gewinnen Klimafragen bei der Kopplung der Vorstandsvergütung an Klimaziele (§§ 87 Abs. 2 S. 2, 87a AktG), der Prüfung der Klimaberichterstattung (§ 171 Abs. 1 S. 4 AktG) und der Überwachung der Klimapolitik

des Vorstandes (§ 111 Abs. 1 AktG) erheblich an Bedeutung. Der Aufsichtsrat börsennotierter oder mitbestimmter Aktiengesellschaften sollte daher durch die Einfügung eines neuen § 100 Abs. 5 S. 2 AktG *in seiner Gesamtheit* über *Klimaexpertise* verfügen.

19. Zusätzlich zur Klimaexpertise sollte der Aufsichtsrat in börsennotierten oder mitbestimmten Aktiengesellschaften einen *Klimaausschuss* bilden, § 107 Abs. 5 AktG nF. Der Klimaausschuss wäre für die Erörterung klimabezogener Aufgaben des Gremiums, insbesondere für die Vorbereitung des Beschlusses zur Billigung von Klimatransformationsplan und -quote, zuständig.

20. Im Aktienrecht erwächst aus der steigenden Bedeutung von Klimathemen das Bedürfnis für besondere Mitwirkungsrechte der Aktionäre. Zugleich ist deren konsultative Beteiligung *de lege lata* noch nicht hinreichend rechtssicher ausgestaltet. Dieses Spannungsverhältnis sollte bei börsennotierten oder mitbestimmten Gesellschaften durch die Einführung eines *Say on Climate* aufgelöst werden. Das *Say on Climate* sollte als (unverbindlicher) Konsultativbeschluss auf Initiative des Vorstands oder einer qualifizierten Aktionärsminderheit (zwanzigster Teil des Grundkapitals) ausgestaltet sein. Beschlussgegenstände sollten sowohl der Klimatransformationsplan als auch die Klimaquote sein.